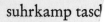

Max Frisch, am 15. Mai 1911 in Zürich geboren, starb dort am 4. April 1991. Seine wichtigsten Prosaveröffentlichungen: *Tagebuch 1946–1949* (1950), *Stiller* (1954), *Homo faber* (1957), *Mein Name sei Gantenbein* (1964), *Tagebuch 1966–1971* (1972), *Dienstbüchlein* (1974), *Montauk* (1975), *Der Traum des Apothekers von Locarno*, Erzählungen (1978), *Der Mensch erscheint im Holozän*. Eine Erzählung (1979), *Blaubart*, Erzählung (1982). Stücke u. a.: *Graf Öderland* (1951), *Don Juan oder Die Liebe zur Geometrie* (1953), *Biedermann und die Brandstifter* (1958), *Andorra* (1961), *Biografie: Ein Spiel* (1967), *Triptychon. Drei szenische Bilder* (1978). Sein Werk im Suhrkamp Verlag ist ab Seite 149 dieses Bandes verzeichnet.

Mit der phantastischen Wachheit des Einsamen registriert Herr Geiser die kleinen Anzeichen einer denkbaren Katastrophe. Das Tal ist durch Unwetter von der Umwelt abgeschnitten. Gefaßt darauf, daß eines Tages der ganze Berg ins Rutschen kommt und das Dorf verschüttet für alle Zeit, liest Herr Geiser im Lexikon, in der Bibel, in Geschichtsbüchern und schreibt ab, was nicht vergessen werden soll. Max Frisch erzählt die letzten Alltage eines Mannes, der begreift, daß er sich abhanden kommt und eingehen wird ins Unbewußtsein der Natur, in Erdgeschichte mit ihren Jahrmillionen. »Max Frisch hat einen grausam-faszinierenden, zwiespältigen Abgesang und Lobgesang auf ein Stück Leben geschrieben.«

Deutsches Allgemeines Sonntagsblatt

Max Frisch
Der Mensch erscheint im Holozän

Eine Erzählung

Suhrkamp

Umschlagfoto: Peter Mertz/
Die bibliophilen Taschenbücher, Bd. 561.
Harenberg Verlag, Dortmund

suhrkamp taschenbuch 734
Erste Auflage 1981
© Suhrkamp Verlag Frankfurt am Main 1979
Suhrkamp Taschenbuch Verlag
Druck: Ebner Ulm · Printed in Germany
Umschlag nach Entwürfen von
Willy Fleckhaus und Rolf Staudt

11 12 13 14 15 16 – 01 00 99 98 97 96

FÜR MARIANNE

Der Mensch erscheint im Holozän

Es müßte möglich sein, eine Pagode zu türmen aus Knäckebrot, nichts zu denken und keinen Donner zu hören, keinen Regen, kein Plätschern aus der Traufe, kein Gurgeln ums Haus. Vielleicht wird es nie eine Pagode, aber die Nacht vergeht.

Irgendwo klöppelt es auf Blech.

Wacklig wird es immer beim vierten Stockwerk; ein Zittern der Hand, wenn das nächste Knäckebrot angelehnt werden soll, oder ein Husten, nachdem der Giebel eigentlich schon steht, und alles ist wieder eingestürzt –

Herr Geiser hat Zeit.

Die Auskünfte im Dorf sind widersprüchlich, andere behaupten, es sei gar kein Hang gerutscht, hingegen sei eine alte Stützmauer eingebrochen, eine Umleitung der Straße an dieser Stelle nicht möglich. Die Frau von der Post, die es eigentlich wissen müßte, bestätigt bloß, daß der Post-Bus nicht verkehrt, während sie, verhärmt wie immer, zu den üblichen Öffnungszeiten hinter dem kleinen Schalter steht und Briefmarken verkauft, auch Pakete in Empfang nimmt, um sie ohne Hast auf die Waage zu legen, dann zu stempeln. Bund und Kantone, so wird angenommen, tun alles, um die Straße wiederherzustellen. Notfalls können Helikopter eingesetzt werden, sofern kein Nebel ist. Niemand im Dorf glaubt, daß eines Tages oder in der Nacht einmal der ganze Berg ins Rutschen kommt und das Dorf verschüttet für alle Zeit.

Irgendwo klöppelt es auf Blech.

Es ist keine Pagode geworden, aber Mitternacht.

Begonnen hat es am Donnerstag der vergangenen Woche, man konnte noch im Freien sitzen, Schwüle wie üblich vor einem Gewitter, die Mücken stachen durch die Socken, kein Wetterleuchten, es war nur ungemütlich. Kein Vogel über dem Gelände. Die Gäste, ein jüngeres Ehepaar auf Durchreise nach Italien, beschlossen plötzlich den Aufbruch, obschon sie im Haus hätten schlafen können. Eigentlich war es kein Gewölk, nur ein gelblicher Dunst wie vor einem Sandsturm in der arabischen Wüste; kein Wind. Auch die Gesichter erschienen gelblich. Sie hatten nicht einmal ihre Gläser geleert, so eilig hatten die Gäste es plötzlich, obschon kein Donner zu hören war. Kein Tropfen fiel. Erst am andern Morgen rauschte es vor den Fenstern, es zischte durch das Laub der Kastanie.

Keine Nacht ohne Gewitter und Wolkenbruch.

Zeitweise fällt der elektrische Strom aus, was man in diesem Tal gewohnt ist; kaum hat man eine Kerze gefunden, endlich auch Streichhölzer, so ist der Strom wieder da, Licht im Haus, während es weiter donnert.

Schlimm ist nicht das Unwetter –

Das Lexikon in zwölf Bänden, DER GROSSE BROCKHAUS, erklärt die Entstehung der Blitze und unterscheidet zwischen Linien-Blitz, Kugel-Blitz, Perlschnur-Blitz etc., wogegen über Donner wenig zu erfahren ist; dabei sind im Lauf einer Nacht, wenn man nicht schlafen kann, mindestens neun Arten von Donner zu unterscheiden:

1.

der einfache Knall-Donner.

2.

der stotternde oder Koller-Donner, in der Regel nach einer längeren Stille, verteilt sich über das ganze Tal und kann Minuten lang dauern.

3.

der Hall-Donner, schrill wie ein Hammerschlag auf ein loses Blech, das einen schwirrenden und flatternden Hall verbreitet, wobei der Hall lauter ist als der Schlag.

4.

der rollende oder Polter-Donner, vergleichsweise gemütlich, läßt an rollende Fässer denken, die gegeneinander poltern.

5.

der Pauken-Donner.

6.

der zischende oder Schotter-Donner beginnt mit einem Zischen, wie wenn ein Kipper eine Ladung von nassem Schotter ausschüttet, und endet dumpf.

7.

der Kegel-Donner; wie wenn ein Kegel, getroffen von der rollenden Kugel, auf andere Kegel schmettert und alle auseinander schleudert; es kommt zu einem kurzen Echo-Wirrwarr im ganzen Tal.

8.
der zögernde oder Kicher-Donner (ohne Blitzlicht im Fenster) zeigt an, daß das Gewitter sich über die Berge verzieht.

9.
der Spreng-Donner (unmittelbar nach dem Blitzlicht im Fenster) weckt nicht die Vorstellung von einem Zusammenprall harter Massen, im Gegenteil: eine ungeheure Masse wird entzwei gesprengt und stürzt nach beiden Seiten auseinander, wobei sie vielfach zertrümmert; danach regnet es in Güssen.

Zeitweise fällt wieder der Strom aus.

Schlimm wäre der Verlust des Gedächtnisses –

Was Herr Geiser zum Beispiel nicht vergessen hat: der Satz des Pythagoras. Dazu braucht er das Lexikon nicht auf den Tisch zu schleppen. Hingegen kann Herr Geiser sich nicht erinnern, wie der Goldene Schnitt (A verhält sich zu B wie A + B zu A, das weiß Herr Geiser) herzustellen ist mit Zirkel und Winkel. Natürlich hat man das einmal gewußt –

Ohne Gedächtnis kein Wissen.

Heute ist Dienstag.

Noch immer kein Hupen aus dem Tal.

Ein Feldstecher hilft in diesen Tagen überhaupt nichts, man schraubt hin und her, ohne irgendeinen Umriß zu finden, der sich verschärfen ließe; der Feldstecher verdichtet bloß den Nebel. Was von bloßem Auge zu sehen ist: die Dachtraufe, die nächste Tanne im Gelände, zwei Drähte, die im Nebel verschwinden, die langsam gleitenden Tropfen an den Drähten. Nimmt man den Schirm und stapft ins Gelände, um nachzusehen trotz Nässe und Nebel, so sieht man nach hundert Schritten das eigene Haus nicht mehr, nur Brombeeren im Nebel, Rinnsale, Farnkraut im Nebel. Eine kleine Mauer im unteren Garten (Trockenmauer) ist eingestürzt: Geröll im Salat, Fladen von Lehm unter den Tomaten. Vielleicht ist es schon vor Tagen geschehen.

Tomaten gibt es auch in Dosen.

Lavendel blüht auch im Nebel: ohne Duft wie in einem Farbfilm. Man fragt sich, was die Bienen machen in einem solchen Sommer.

Vorräte sind genug im Haus:

drei Eier
Suppenwürfel
Tee
Essig und Öl
Mehl
Zwiebeln
ein Glas mit Senfgurken
Reibkäse
Sardinen, eine Büchse
Gewürze aller Art
Knäckebrot, fünf Pakete
Knoblauch
Himbeersirup für Enkelkinder
Anchovis
Lorbeer
Grieß
Salzmandeln
Spaghetti, ein Paket
Oliven
Ovomaltine
eine Zitrone
Fleisch in der Kühltruhe

Später im Lauf des Tages donnert es wieder; kurzdarauf Hagel. Die weißen Körner, einige haselnußgroß, tanzen auf dem Granit-Tisch, in wenigen Minuten wird der Rasen weißlich, Herr Geiser kann nur am Fenster stehen und zuschauen, wie das Weinlaub zerfetzt wird, desgleichen die Rosen –

Es bleibt nichts als Lesen.

(Romane eignen sich in diesen Tagen überhaupt nicht, da geht es um Menschen in ihrem Verhältnis zu sich und zu andern, um Väter und Mütter und Töchter beziehungsweise Söhne und Geliebte usw., um Seelen, hauptsächlich unglückliche, und um Gesellschaft usw., als sei das Gelände dafür gesichert, die Erde ein für allemal Erde, die Höhe des Meeresspiegels geregelt ein für allemal.)

Kein Hupen aus dem Tal.

Offenbar ist die Straße noch immer gesperrt.

Wenn der Regen einmal nachläßt, nicht gänzlich aufhört, aber sich verdünnt, so daß er nicht mehr auf dem Dach zu hören ist, Regen nur noch als lautlose Schraffur vor dem Dunkel der

nächsten Tanne, so ist keine Stille, im Gegenteil,
jetzt erst hört man es rauschen aus dem Tal; es
müssen Bäche sein überall, viele Bäche, die es
sonst nicht gibt. Ein stetes Rauschen aus dem
ganzen Tal.

Die Schöpfung der Welt
(Hiob 38; Ps. 33, 6–9; Ps. 104; Spr. 8, 22–31)

IM Anfang schuf Gott den Himmel
und die Erde. 2 Die Erde war aber
wüst und öde, und Finsternis lag
auf der Urflut, und der Geist Gottes
schwebte über den Wassern.

Ob es Gott gibt, wenn es einmal kein menschli-
ches Hirn mehr gibt, das sich eine Schöpfung
ohne Schöpfer nicht denken kann, fragt sich
Herr Geiser.

Heute ist Mittwoch.

(Oder Donnerstag?)

Eine Bibliothek kann man es nicht nennen, was
Herrn Geiser in diesen Tagen, da Gartenarbeit
nicht möglich ist, zur Verfügung steht; Elsbeth
hat hauptsächlich Romane gelesen, klassische
und andere, Herr Geiser lieber Sachbücher
(HELLER ALS TAUSEND SONNEN); das Logbuch
von Robert Scott, der am Südpol erfroren ist,

17

hat Herr Geiser mehrmals gelesen, die Bibel schon lang nicht mehr. Was außer dem Lexikon in zwölf Bänden vorhanden ist: Gartenbücher, ein Buch über Schlangen, eine Geschichte des Kantons Tessin, das Schweizerische Lexikon sowie Bilderbücher für die Enkelkinder (DIE WELT, IN DER WIR LEBEN), der Fremdwörter-Duden und ein Buch über Island, wo Herr Geiser vor dreißig Jahren einmal gewesen ist, sowie Landkarten der näheren Umgebung und Wanderbücher, die Auskunft geben über Geologisches, Klimatisches, Historisches usw. betreffend die Gegend.

1. Kapitel

Die Tessinergegend der Urzeit
Die ersten Bewohner

In den weit zurückliegenden Epochen des *geologischen Altertums* und *Mittelalters* war auch das Gebiet des heutigen Kantons Tessin zeitweise von dem tiefen Meere überflutet, das sich zwischen zwei uralten Kontinenten im Norden und Süden ausbreitete. Mächtige Schichten von Sedimentgesteinen haben sich in jenem Ozean gebildet und sind auf dem Meeresgrunde den kristallinen Gesteinen aufgelagert worden.

Kaum aber waren diese Erdkrustenteile aus dem Meeresspiegel emporgetaucht, da setzten auch schon die natürlichen Kräfte der Verwitterung und der Erosion ein und begannen ihre Modellier- und Abtragungsarbeit. Während Fröste und Winde Bergkämme und Gipfel aus den emporgehobenen Felsmassen herausarbeiteten, verbissen sich Wasser und Gletscher in die Furchen und sägten erste Täler ein. Diese

18

Arbeiten erfolgten aber nicht in einem Zuge, sondern in verschiedenen, zeitlich weit auseinander liegenden Perioden. Das erkennen wir ohne Mühe an den vielen parallel laufenden Terrassen, die sich den Talhängen nachziehen, und die einst höher liegende Talgründe gewesen sein müssen.

In den Haupttälern war die Mächtigkeit der Gletscher viel größer gewesen als in den *Seitentälern,* und ihre Flüsse haben denn auch tiefer liegende Betten als die Nebenflüsse. Dadurch sind die Talsohlen der Seitentäler höher geblieben als jene der Haupttäler, und die Seitenbäche münden deshalb über eine Steilstufe in die Hauptflüsse. Das ist die Erklärung der vielen *Wasserfälle,* die z. B. dem Tessintal das wildromantische Gepräge verleihen.

Besser unterrichtet sind wir dagegen über die Menschen, die während des *Eisenzeitalters* (ungefähr 800—58 v. Chr.) das Land bevölkert haben. Die Gräberfunde aus der ältesten Eisenzeit[4], der sog. ligurischen Periode, einerseits, und Orts- und Flurnamen[5] anderseits, weisen darauf hin, daß damals die *Ligurier* die Tessinergegend bewohnten. Aus der Geschichte wissen wir, daß die Ligurier im frühesten Altertum nicht nur das heutige Ligurien, sondern auch die Täler der Westalpen, wozu die Gegend des heutigen Tessin gehört, besiedelt hatten.

Endlich müssen auch noch die vielen *Bergstürze* erwähnt werden, die sich seit dem Rückgang der Gletscher ereignet haben, denn sie trugen nicht unwesentlich dazu bei, vielen Gegenden des Kantons Tessin das heutige Gepräge zu verleihen.

Nach der Sage mußte Herkules ein Volk über die Alpen nach Spanien und weiter nach Afrika führen. Beim Übergang über die tiefverschneiten Alpenpässe blieb die Nachhut zurück. Viele Krieger erfroren, und der Rest konnte dem vorausgezogenen Houptharst nicht mehr nachfolgen. Sie zogen dann nicht mehr weiter und siedelten sich im

Alpengebiet an. Der Name «Lepontier» aber bedeutet die «Zurückgebliebenen». Daß die Lepontier, deren Name mit der Zeit auch auf eine ganze Anzahl anderer Stämme übertragen wurde, tatsächlich beide Abhänge des Gotthard besiedelt hatten, das wissen wir auch aus ganz zuverlässiger Quelle, nämlich vom römischen Naturforscher Plinius dem Älteren (23—79 n. Chr.) und von Julius Cæsar (100—44 v. Chr.).

Es stimmt übrigens nicht, daß kein Hupen aus dem Tal zu hören ist; es kommt nur kein Post-Bus, man vermißt seine Dreiklang-Hupe, und die lärmigen Lastwagen, die sonst mit Platten und Quadern von Granit hinunter ins Tal fahren, sie fahren nicht; oberhalb der Stelle, wo die Straße unterbrochen ist, gibt es aber Motorräder.

Soeben hat es gehupt.

Wie der Goldene Schnitt herzustellen ist mit Zirkel und Winkel, das steht im Lexikon, und auch wenn kein Zirkel im Haus ist, Herr Geiser weiß sich zu helfen: ein Reißnagel, dazu ein Bindfaden, der am Reißnagel befestigt wird, und ein Bleistift, befestigt am andern Ende des Bindfadens, ersetzen den Zirkel einigermaßen. Herr Geiser braucht im Augenblick keinen Goldenen Schnitt, aber Wissen beruhigt.

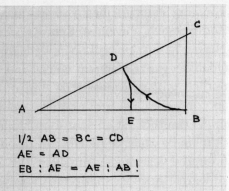

1/2 AB = BC = CD
AE = AD
EB : AE = AE : AB !

Der kleine Rutsch im Garten (Geröll im Salat) hat sich über Nacht nicht vergrößert. Auch ist es, soweit Herr Geiser im Morgengrauen sehen kann, zu keinem neuen Rutschen gekommen, zumindest nicht auf seinem Gelände. Der graue Lehm unter den Tomaten, die noch bleich sind, klebt mit zähen Klumpen am Spaten. Auch wenn Herr Geiser es ohne Spaten versucht, wenn er kniet und mit seinen Händen das Geröll entfernt aus dem grünen Salat, so oder so ist der Salat kaputt, und die kleine Mauer wieder in Ordnung zu bringen, dazu ist es nicht die Stunde. Das wird eine Arbeit von Tagen. Schon nach einer Stunde ist man platschnaß trotz Regenmantel und Hut.

Ein Helikopter ist nicht zu hören.

Der Einsturz einer kleinen Trockenmauer, eigenhändig erstellt von einem Rentner, der anderes geleistet hat in seinem Leben, bedeutet noch nicht, daß der ganze Hang ins Rutschen kommt. Vermutlich gibt es Rinnsale da und dort und Fladen von Lehm, das gibt es immer bei langen Regen. Vermutlich ist an schroffen Hängen da und dort ein Baum gekippt, eine alte Tanne oder eine morsche Kastanie; dann liegt ihr Stamm hangabwärts mit zersplitterter Krone, die schwarzen Wurzeln spreizen sich in die Luft und der Fels liegt nackt zu Tage, Gneis oder Schiefer, anderswo Nagelfluh.

In der Nacht vom 30. September 1512 (gerade zur Zeit, da der Herzog von Mailand mit den Schweizern um die Abtretung von Lugano und Locarno verhandelte), barst ganz unerwartet, nach dem Pontironetal zu, die über Biasca gelegene Spitze des Monte Crenone und die nachgleitenden Felslawinen begruben gar viele Häuser samt ihren Einwohnern, während von den entgegengesetzten Abhängen des Bergs andre gewaltige Erdmassen niedergingen und das Dorf Campo Bargigno in der Val Calanca verschütteten.

Erst drei Jahrhunderte später (von 1812 bis 1815) wurde die dazumal durch jene Katastrophe weggerissene Brücke des Ticino wieder neu aufgebaut. Aus einem Winkel der „büzza"*) bei Biasca sieht man nicht ohne Erstaunen aus Gestein und Ginstergestrüpp die Spitze eines Kirchturmes hervorragen: des Kirchturmes von Loderio. Diese merkwürdige Ruine ruft uns ein andres großes Unglück ins Gedächtnis, das noch manch einem der heutigen Generation lebhaft vor Augen stehen muß, nämlich die Überschwemmungen des Jahres 1868 — die die Kirche von Loderio begruben, alle Brücken des Bleniotales zerstörten und Schrecken und Tod in Malvaglia, Semione, Dongio und besonders in Corzoneso verbreiteten. In der Nacht vom 27. September brach eine heftige und ganz unerwartete Flut über Cumiasca, einer Fraktion der Gemeinde von Corzoneso, nieder, zerstörte den Ort vollkommen und vernichtete achtzehn Menschenleben. Ganz Europa, zu Ehren der Menschlichkeit sei es gesagt, lauschte erschüttert den Berichten über das schwere Unheil, das die Überschwemmungen in Blenio, in der Leventina, in der Verzasca und in der Vallemaggia anrichteten. Zwei Millionen Franken wurden zu Unterstützungszwecken gesammelt. Papst Pius spendete mehrere Tausend Lire, Kaiser Napoleon Zwanzigtausend Franken, der Großherzog von Baden Zehntausend.

Am 23. März des Jahres 1851, nach einem ununterbrochenen Schneefall von drei Tagen, lösten sich mehrere gewaltige Lawinen mit unerhörtem Ungestüm von den Gipfeln der umliegenden Berge und stürzten, ganz ungewohnte Richtungen einschlagend, auf die unselige Ortschaft herab und verschütteten neun Behausungen. Dreiundzwanzig Menschen und über 300 Stück Vieh kamen dabei um. Lavizzari schreibt dazu: „Kaum daß die verhängnisvollen Schneemassen, die ihnen Herden, Wohnstätte und Angehörige entrissen hatten, schmolzen, als auch die Überlebenden schon neuen Mutes ihre Hütten in Cozzera wieder aufbauten gleich jenen, denen die Gluten des Vesuvs die Heimat zerstörte und die, kaum daß das Ungeheuer den feuerspeienden Rachen schließt, auch schon wieder daran denken, ihre Wohnstatt von neuem auf der noch heißen Lava aufzurichten.“

In der Nacht, gestern, waren Sterne zu sehen, nicht viele, Minuten lang sogar der Mond zwischen ziehendem Gewölk, Schwaden von weißlichem Nebel im unteren Tal, die nassen Felsen in der Höhe glänzten stellenweise wie Alu-Folie und der Mond über dem schwarzen Wald schien trockener denn je –

Heute gurgelt es wieder.

Wenigstens schneit es nicht.

Der Rucksack steht in der Diele, ein Rucksack aus Leder, den Herr Geiser seinerzeit in Island gekauft hat, wasserdicht, und Herr Geiser hat an alles gedacht: Paß, Verbandstoff, Taschenlampe, Unterwäsche zum Wechseln, Ovomaltine, Socken zum Wechseln, Jod, ein kleines Heft mit Traveller-Checks, Aspirin, Miroton (gegen Herzschwäche) sowie Kompaß und Lupe, damit man die Landkarte entziffern kann, CARTA NAZIONALE DELLA SVIZZERA 1 : 25 000, FOGLIO 1312 und 1311, dabei weiß Herr Geiser, daß eine Flucht über die Berge (nach Italien) ein Wahnsinn wäre. Das hätte man vielleicht als junger Mann noch wagen können. Auch der alte Saumpfad hinunter ins Tal, den Herr Geiser vor vielen Jahren einmal begangen hat, dürfte zurzeit von Bächen mit Geschiebe unterbrochen sein, lebensgefährlich, das braucht Herr Geiser sich von niemand sagen zu lassen.

Heute ist Mittwoch.

Ein deutscher Sommergast, Professor für Astronomie, weiß viel über die Sonne, und wenn man ihn fragt, so spricht er nicht ungern auch zu einem Laien. Nachher räumt man die Tassen weg, dankbar für den kurzen Besuch, Herr Geiser hat ungefähr verstanden, was Protuberanzen sind, die übrigens nichts mit dem Wetter auf der Erde zu tun haben, und die Gattin des Sonnenforschers hat einen Topf voll Suppe gebracht, Minestrone zum Aufwärmen. Wenigstens weiß man nachher, daß man nicht verrückt ist: auch andere Leute finden, es regne und regne.

17 Da kam die Sintflut über die Erde, vierzig Tage lang, und die Wasser wuchsen und hoben die Arche, und sie schwamm hoch über der Erde. 18 Und die Wasser nahmen mächtig überhand und wuchsen gewaltig über der Erde, und die Arche fuhr auf den Wassern dahin. 19 Und die Wasser wurden immer mächtiger über der Erde, sodass alle hohen Berge unter dem ganzen Himmel bedeckt wurden. 20 Fünfzehn Ellen stiegen die Wasser darüber hin-

aus, sodass die Berge bedeckt wurden. 21 Da starb alles Fleisch dahin, das sich auf Erden regte, an Vögeln, an Vieh, an Wild und allem, was auf Erden wimmelte, auch alle Menschen. 22 Alles, was Lebensluft atmete, was auf dem Trockenen war, das starb. 23 So vertilgte er alle Wesen, die auf dem Erdboden waren: die Menschen sowohl als das Vieh, das Kriechende und die Vögel des Himmels, die wurden vertilgt von der Erde; nur Noah blieb übrig und was mit ihm in der Arche war. 24 Und die Wasser nahmen zu auf der Erde, 150 Tage lang.

2: 3. Mos. 11 / 9: 6, 19.

Herr Geiser glaubt nicht an Sintflut.

– Schon der Zürcher Pfarrer H. R. Schinz führte vom September 1770 bis zum September 1771 interessante Beobachtungen durch: Heitere Tage in Locarno: 204, in Zürich 61. Regentage in Locarno: 60, in Zürich 109.

„Die Vorzüge und Schönheiten weit entlegener Klimate finden sich somit hier in einem harmonischen Ganzen vereinigt, wie unser Weltteil es schwerlich irgendwo zum zweiten Male bietet."

Locarno erfreut sich, wie bereits angedeutet, eines vorzüglichen *Klimas.* Nach dem Jahresmittel, 11,6° ist Locarno die wärmste aller schweizerischen meteorologischen Stationen.

Noch vor kurzem, im Juni, war es wolkenlos, das Gras war dürr und gelblich; um sechs Uhr morgens, als Herr Geiser sich wieder einmal mit der Sense versuchte, sah man die Sonne als Sonne noch nicht, nur ihr Licht auf den Kuppen und Graten der Berge, während das Tal noch schattenblau war; kurz nach sieben Uhr, plötzlich, blinkte es auf der Sense, und es wurde heiß, ein Tag mit Stechfliegen, Eidechsen, Schmetterlingen, Sommer wie eh und je, Wetterleuchten gegen Abend, kein Regen oder nur ein paar Tropfen, der nächste Morgen wieder blau und heiß, die weißen Haufenwolken trocken wie Watte. Wochen lang war es verboten, den Gartenschlauch zu benutzen, die Erde wurde grau und rissig. Der kleine Bach unterhalb der Kirche war ohne Wasser, ein Steinbett.

Aussergewöhnliche Hochwasser infolge fertgesetzten Regens mit höchstem Wasserstand fanden sich im Jahre 1764 (mit m. 6,20 über dem Nullpunkt), 1807, 1812, 1817, 1824, 1829, 1834, 1840, 1855, 1868, und 1907; die schwersten des XIX Jahrhunderts waren die der Jahre: 1807, 1829, 1834, 1840 und ganz besonders 1868 (3-4 October mit 7 m. über dem Nullpunkt).
Der Geschichts schreiber Raul berichtet von einer im XII Jahrhundert (1177) eingetretenen Uberschwemmung, bei der der Wasserstand den normalen um m. 10, 8 überragte.

Wie Flut und Ebbe entstehen, wie Vulkane, wie Gebirge usw., hat Herr Geiser einmal gewußt. Wann sind die ersten Säugetiere entstanden? Stattdessen weiß man, wieviel Liter der Heizöltank faßt und wann der erste Post-Bus fährt, sofern die Straße nicht gesperrt ist, und wann der letzte. Wann ist der Mensch entstanden und wieso? Trias, Jura, Kreide usw., keine Ahnung, wieviele Jahrmillionen die einzelnen Erdzeitalter gedauert haben.

In der *Trias* gewinnen von den Tieren Ammoniten und Belemniten, Amphibien und bes. Reptilien, darunter große Formen wie die seit langem ausgestorbenen Dinosaurier, weite Verbreitung und Mannigfaltigkeit. Hinzu kommen in kleinen Formen die Säuger (→Triasformation) und die Vögel (→Juraformation). Seit dem *Jura* zeigt sich eine deutliche Gliederung in Klimazonen. Die Pflanzenwelt, der Tierwelt in der Entwicklung vorauseilend, hatte schon im Oberperm viele mesozoische Merkmale gezeigt. Sie wird in der *Kreide* (→Kreideformation) durch gleich massenhaft auftretende Laubbäume bereichert. In der Oberkreide beginnen die heutigen Festländer sich herauszubilden; und in den mesozoischen Geosynklinalen bereitet sich die alpine Gebirgsbildung vor, die im beginnenden **Känozoikum** (Neolithikum; →Känozoische Formationsgruppe) ihren Höhepunkt erreicht. Im *Tertiär* (→Tertiärformationen) entfaltet sich der Säugerstamm zu großer Mannigfaltigkeit, während viele Reptilgruppen, Ammoniten u. a. verschwunden sind. Im Jungtertiär nähern sich die Verhältnisse, auch die klimatischen, schon mehr den heutigen; doch gibt das *Quartär* (→Eiszeit) noch großen Teilen der Erdoberfläche sein Gepräge. Im →Pleistozän erscheint nach bisheriger Auffassung der Mensch (Altsteinzeit); die erdgeschichtl. Gegenwart spielt sich im →Holozän ab.

Es genügt nicht, daß Herr Geiser in diesem oder jenem Buch mit seinem Kugelschreiber anstreicht, was wissenswert ist; schon eine Stunde später erinnert man sich nur noch ungenau; vor allem Namen und Daten prägen sich nicht ein; Herr Geiser muß es eigenhändig auf einen Zettel schreiben, was er nicht vergessen will, und die Zettel an die Wand heften, Reißnägel sind genug im Haus.

KAMBRIUM	100.000.000	JAHRE
SILUR	70.000.000	
DEVON	80.000.000	
KARBON	75.000.000	
PERM	75.000.000	
TRIAS	80.000.000	
JURA	70.000.000	
KREIDE	20.000.000	
TERTIÄR	60.000.000	
QUARTÄR	1.000.000	

Zwei von den Briefen, die Herr Geiser seit Sonntag geschrieben hat, sind schon überholt, weil die Meldung, daß ein Hang gerutscht sei, nicht stimmt, und der dritte Brief, ein Brief an die Tochter in Basel, ist lächerlich, falls schon morgen oder übermorgen die Post wieder verkehrt; da stehen Sätze wie von Robert Scott in seinem letzten Biwak.

Dabei regnet es bloß.

Man kann fernsehen, TELEVISIONE SVIZZERA ITALIANA, wenn auch mit schlechtem Empfang: in London wird soeben Tennis gespielt, man sieht deutlich die Schatten der Spieler auf dem Rasen, dann plötzlich Geflimmer, und wenn Herr Geiser an den Knöpfen dreht, plötzlich rutscht das Bild weg, der Ton bleibt, Beifall überlaut, während die Bilder langsam oder hastig nach oben rutschen oder nach unten, schließlich zucken nur noch schwarze und weiße Streifen.

In London scheint die Sonne.

Eigentlich kann nicht viel geschehen, auch wenn es Wochen lang regnet, Monate lang; das Dorf liegt am Berg, das Wasser läuft ab, man hört es gurgeln ums Haus.

Wenigstens ist heute kein Nebel –

Das Tal scheint unversehrt.

Die Kochplatte wird nicht warm –

Ein See, ein lehmbrauner See, der nach und nach das Tal füllt, ein namenloser See, der, indem sein Wasserspiegel steigt von Tag zu Tag und auch in den Nächten, sich mit den steigenden Seen der andern Täler vereint, bis die Alpen nur noch ein Archipel sind, eine Gruppe von Inseln aus Fels und Gletschern, die ins Meer hangen, ist nicht denkbar.

In London scheint die Sonne.

Eigentlich hat Herr Geiser keinen Hunger, es macht nichts, daß die Suppe zum Aufwärmen, Minestrone, die neulich die Gattin des Sonnenforschers gebracht hat, nicht warm wird –

Wahrscheinlich ist das ganze Dorf ohne Strom.

Im Kühlschrank stinkt es noch nicht, aber die Butter ist weich und tropft; offenbar ist der Strom schon vor einer Weile ausgefallen. Der Käse schwitzt. Ohne eigentlichen Hunger ißt man sogleich das letzte rohe Ei – nicht ohne Ekel, da es nicht kühl ist.

Alle Sicherungen sind in Ordnung.

Wasser im Keller ist üblich, wenn es lange geregnet hat; der Schotterboden wird naß, weil das Hangwasser von unten heraufdrückt.

Auch der Boiler ist außer Betrieb.

Holz ist genug im Haus.

Wenn die Straße nicht wegen Unwetter gesperrt ist, so ist Basel in fünf Stunden erreichbar, Mailand in drei Stunden, die nächste Apotheke in einer halben Stunde –

Man ist nicht am Ende der Welt!

(– wie Elsbeth oft gesagt hat.)

Zum Glück ist nicht allzuviel in der Tiefkühl-
truhe, die außer Betrieb ist: drei Schnitzel,
Hackfleisch für Füllungen, ein Kotelett, Spinat
in Packungen, ein Rollbraten für allfällige Gäste, Himbeeren in Packungen, zwei Forellen,
fünf Bratwürste. Es tropft schon aus den
Packungen grünlich und rötlich; das Fleisch,
sonst klingelhart, ist schlapp, und die Forellen
fühlen sich widerlich an, die Bratwürste weich
wie Schnecken. Bekanntlich darf die Ware, einmal aufgetaut, nicht wieder gefroren werden,
das weiß Herr Geiser, und es gibt nichts zu
überlegen: die Ware muß in eine Tasche gepackt
und im Dorf verschenkt werden, je rascher
umso besser.

Leider regnet es wieder in Strömen.

Auch die Einheimischen sind ohne Strom, aber
überzeugt, daß es nicht lange dauern kann; daß
der Strom sozusagen jeden Augenblick wieder
da sein wird –

Auch die Turmuhr steht.

Nicht einmal der alte Ettore, Maurer im Taglohn, der lebenslänglich an öffentlichen und anderen Stützmauern gearbeitet hat, glaubt im Ernst daran, daß je der ganze Berg ins Rutschen kommt; er grinst bloß aus seinem weißen Stoppelbart. Vornherum sind sie freundlich und danken für das Fleisch, im Grund halten sie jeden, der nicht in ihrem Tal geboren ist, für reich oder für einen Spinner.

IL PROFESSORE DI BASILEA

so nennen sie Herrn Geiser, weil er stets, wenn er aus dem Haus geht, eine Krawatte trägt; dabei wissen sie genau, daß Herr Geiser nicht Professor ist, und was er gewesen ist, steht auf dem Steuerzettel.

CHE TEMPO, CHE TEMPO!

Das ist alles, was sie zu sagen wissen.

Wenn die Sonne scheint auf seine Dächer aus Granit, wenn es nicht über die Traufen plätschert, wenn das alte Gemäuer nicht naß ist, wenn da nicht Pfützen sind und wenn es nicht überall tropft oder gurgelt und wenn die Sonnenblumen nicht geknickt sind, wenn sein

Kirchturm in den blauen Himmel steht, wenn
nur der Brunnen plätschert, wenn man nicht
durch Rinnsale geht, wenn die Berge ringsum
nicht grau sind, ist es ein malerisches Dorf.

Heute kein Hund, der bellt.

Erst als Herr Geiser mit der leeren Tragtasche
wieder zuhause ist, als er den tropfenden Schirm
in die Diele gestellt hat, als er die nassen Schuhe
auszieht, fällt es ihm ein: auch er hätte das
Fleisch braten können im Kamin, wenigstens
den Rollbraten, den man auch kalt essen kann.

Man verblödet – !

In der Nacht sind auch sonst nicht viele Lichter
zu sehen, zwei Straßenlaternen (im Winter fünf,
weil dann kein Laub sie verdeckt) und ein paar
Stubenlichter im Dorf, bei klarem Wetter noch
ein schwaches Licht von einem einsamen Gehöft am Hang gegenüber; jetzt kein einziges
Licht im ganzen Tal.

AM ENDE DER EISZEIT LAG DER
MEERESSPIEGEL MINDESTENS
100 METER TIEFER.

BEREIT SEIN IST ALLES.

BLITZGESCHWINDIGKEIT:
100.000 KM PRO SEKUNDE.
STROMSTÄRKE DER BLITZE:
20 BIS 180.000 AMPÈRE

VERWANDLUNG VON MENSCHEN IN
TIERE, BÄUME, STEINE ETC.
SIEHE: METAMORPHOSE / MYTHOS

STEINZEIT: 6000 – 4000 V. CHR.
JUNGSTEINZEIT: BIS 1800 V. CHR.

Weitere Arten von Donner:

10.
der ächzende oder Latten-Donner; ein kurzer
und heller Krach, wie wenn man eine Holzlatte
bricht, dann ein Ächzen länger oder kürzer; der
Latten-Donner ist in der Regel der erste Donner
eines beginnenden Gewitters.

11.
der Plapper-Donner.

12.
der Kissen-Donner hat genau den Ton, der zu

hören ist, wenn eine Hausfrau mit der flachen Hand auf die Kissen klopft.

13.
der rutschende Donner; sein Ansatz läßt einen Polter-Donner oder einen Pauken-Donner erwarten, aber bevor die Fensterscheiben erzittern, rutscht sein Getöse auf die andere Seite des Tals, wo es sich sozusagen verhustet.

14.
der Knatter-Donner.

15.
der kreischende oder Flaschen-Donner, oft erschreckender als der Spreng-Donner, obschon er die Fensterscheiben nicht erzittern läßt, gehört zu den unerwarteten Donnern, man hat keinerlei Blitz gesehen, plötzlich ein schrilles Geklirr, wie wenn eine Kiste voll leerer Flaschen über eine Treppe hinunterstürzt.

16.
der munkelnde Donner.
usw.

Noch ist es nicht so weit, daß Herr Geiser mit der Katze redet, wenn sie um die Hosenbeine streicht. Die letzten Sardinen hat sie schon bekommen, auch die letzte Milch aus einer Dose; schon diese paßte ihr nicht, und dann hockt sie mitten im Zimmer, wartet mit gekniffenen Augen. Offenbar hat sie im Gelände nichts gefunden, keinen Vogel, nicht einmal Eidechsen. Anchovis sind ihr zu salzig. Nimmt Herr Geiser sie am Nackenfell (was den Katzen nicht wehtut) und setzt sie in den Keller, damit sie vielleicht auf die Idee kommt, Mäuse zu suchen, so jault sie hinter der Kellertüre, bis Herr Geiser sie wieder herausläßt. Sofort streicht sie wieder um die Hosenbeine. Sie will es nicht fassen, daß es kein Fleisch mehr gibt.

Natürlich fällt auch der Fernseher aus.

Keine Ahnung, was in der Welt geschieht.

Das Letzte, was Herr Geiser noch vernommen hat, sind schlimme Nachrichten gewesen, wie meistens, von Attentat bis Arbeitslosigkeit; dann und wann der Rücktritt eines Ministers, aber eine Hoffnung, daß es heute gute Nachrichten wären, besteht eigentlich nicht; trotzdem ist man beruhigter, wenn man von Tag zu Tag weiß, daß die Welt weitergeht.

Im Garten zu arbeiten ist nicht möglich.

Man kann nicht den ganzen Tag lesen.

Die Kirchglocke, die morgens um sieben Uhr bimmelt und abends um sechs Uhr, kann von Hand bedient werden, was wie immer der alte Felice besorgt; je älter er wird, umso kürzer bimmelt es –

Hingegen der Stundenschlag bleibt aus.

Es bleibt nichts als Lesen.

Eigentlich erwartet Herr Geiser niemanden; trotzdem könnte jemand an der Haustüre gewesen sein. Natürlich tut es auch die Hausklingel nicht ohne Strom und es ist ratsam, einen Zettel an die Haustüre zu nageln, besser noch ein Stück steifer Pappe:

SONO IN CASA!

Vielleicht heißt es:

SONO A CASA.

(das hätte Elsbeth gewußt.)

BITTE KLOPFEN!

ICH BIN ZUHAUS!

Oder sachlich:

CAMPANELLO NON FUNZIONA.

Dann ist auch das getan.

Und es ist immer noch Vormittag –

Herr Geiser gehört sonst nicht zu den Leuten, die sich langweilen, wenn sie keine Firma mehr leiten, wenn das Telefon einen Tag lang nicht klingelt; irgendetwas gibt es immer zu tun oder zu denken, wenn man allein wohnt.

Oft weiß auch das Lexikon wenig Bescheid.

> Schutz gegen **Blitzschlag** finden Menschen am besten in Häusern, die mit →Blitzschutz versehen sind. Im Freien wird empfohlen, Bäume (jeder Art!), Zäune und Metalleinfriedigungen zu meiden. Sicheren Schutz gegen Fernwirkungen von Blitzschlägen in der Nachbarschaft (bis zu 40 m gefährlich) durch den sich in der Erde ausbreitenden Blitzstrom gewähren flach auf dem Erdboden oder im Erdboden liegende Metallnetze oder Metallteile.

Eine Hungersnot wird nicht erwartet. Der kleine Lebensmittelladen im Dorf hat zwar nicht viel auf Lager: Salz, Backpulver, Zwiebeln, Limonade, Waschpulver, Tee, Schneckenkörner usw., Butter schon nicht mehr, Eier auch nicht, Milch nicht einmal mehr in Dosen. Offenbar wird schon gehamstert. Zum Glück gibt es Streichhölzer. Eine Schachtel für jeden Kunden! Fleisch hat es in dem kleinen Laden nie gegeben, ausgenommen geräucherten Speck, und der ist weg. Fleisch in Dosen, das Herr Geiser sonst nicht mag, ist ebenfalls weg. Katzen werden in dieser Gegend nur selten verspeist.

CHE TEMPO, CHE TEMPO.

Die kleine Schreinerei unterhalb des Dorfes ist noch in Betrieb, das nasse Sägemehl vor der Werkstatt dunkel wie Teeblätter; viel Betrieb ist da nie, nicht jeden Tag ist die Säge zu hören.

Im Augenblick regnet es fast nicht.

Auf dem Asphalt da und dort Fladen von Lehm, Rinnsale, aber keine Felsblöcke. Ein gelber Schneepflug steht, wo er im Sommer immer steht. Was Herrn Geiser beruhigt: keine Risse im Asphalt. Unterwegs eine holländische Familie in bläulichen Regenhäuten und mit bleichen Gesichtern, trotzdem munter. Ohne zu grüßen. Sie haben hier ein Sommerhaus, vier Wochen lang ist die holländische Fahne gehißt, auch wenn es regnet. Sogar ihr Hund trägt eine bläuliche Regenhaut. Sonst ist niemand unterwegs. Eine Baustelle; die Arbeit ist eingestellt, da die Arbeiter aus Novara ausbleiben; Bretter schwimmen im Keller; Säcke voll Zement in einem Tümpel; ein Zelttuch, das sie vor dem Regen schützen sollte, hat der Wind weggerissen.

Herr Geiser hat seinen Schirm.

Leider hat er den Feldstecher vergessen.

Schon einmal, 1970, ist unterhalb des Dorfes ein Stück der Straße abgerutscht, am andern Morgen hing das eiserne Geländer verbogen in die Schlucht hinunter, und einen Sommer lang war der Verkehr durch die Baustelle behindert, jedoch nicht unterbrochen. Rutsche solcher Art hat es in dieser Gegend immer gegeben –

Unterwegs drei verregnete Schafe.

Die Frage, warum Herr Geiser, Bürger von Basel, sich in diesem Tal niedergelassen hat, ist müßig; Herr Geiser hat es getan.

Alt wird man überall.

Manchmal bleibt Herr Geiser stehen: das graue Rauschen aus der Schlucht – aber das eiserne Geländer ist noch da. Wenn man ohne Schirm gehen kann, wenn nicht überall Tümpel sind, wenn es nicht tropft von jeder Tanne und wenn die Wälder am Hang gegenüber nicht schwarz sind und die Berge nicht von Wolken verhängt, wenn man im Garten arbeiten kann, wenn Schmetterlinge da sind, wenn man die Bienen hört und in der Nacht ein Käuzchen, wenn man mit der Angelrute am Bach stehen kann und gesund ist, also zufrieden, obschon man den ganzen Tag nichts fängt, und wenn die Straße nicht gesperrt ist, so daß man das Tal drei Mal täglich verlassen könnte, ist es ein malerisches Tal – sonst kämen nicht Deutsche und Holländer hierher Sommer für Sommer.

Auch das nächste Dorf steht unversehrt.

Pfützen auch hier –

Kein Hund auf der Straße –

Die Post ist geöffnet, aber Herr Geiser hat keine Briefe einzuwerfen, und der Mann am Schalter hat auch keine andere Auskunft, nur Hoffnung, dabei lacht er.

RISTORANTE DELLA POSTA:

die roten Tische davor glänzen vor Nässe; ein Lastwagen, der nicht zu Tal fahren kann, glänzt ebenfalls und tropft, seit einer Woche beladen mit leeren Flaschen:

BIRRA BELLINZONA

Die Turmuhr hier steht auch.

Der Laden, wo Herr Geiser hätte Streichhölzer kaufen wollen, ist geschlossen, Klingel außer Betrieb, aber Streichhölzer sind auch in der Pinte zu bekommen; man braucht sich nicht zu setzen, um einen kurzen Schnaps zu kippen und dann, während man bezahlt, beiläufig nach dem Wochentag zu fragen.

Wieso diese Freundlichkeit des Wirtes?

Es ist also Samstag –

Nur das hat Herr Geiser wissen wollen.

Eine düstere Pinte, wenn man nicht draußen sitzen kann, und was die paar Leute an den Tischen reden, sind keine Neuigkeiten. Ein mißliches Weinjahr; sogar für Pilze wird dieser Sommer zu naß. Niemand rechnet mit Sintflut. Die einheimischen Burschen, die nicht zu ihrer Arbeit ins Tal fahren können, klappern offenbar den ganzen Tag an dieser Fußball-Maschine. Ein zweiter Schnaps, Geschenk vom Wirt, bringt den Nachmittag auch nicht viel weiter. Die Burschen haben ihren lauten Spaß; die Erosion, die draußen stattfindet, bekümmert sie überhaupt nicht.

IN DEN JAHREN 1890 BIS 1926 SCHWEMMTE DIE MAGGIA IM JAHR DURCHSCHNITTLICH 550.000 KUBIK-METER GERÖLL INS DELTA, DAS SIND 55.000 EISENBAHNWAGEN VOLL!

(SIEHE : „EROSION")

Kleinholz machen mit dem Beil, einen Korb voll Kleinholz hinauftragen ins Wohnzimmer, dann Feuer machen im Kamin, Eimer um Eimer hinauftragen ins Badzimmer, ohne auf der Treppe zu stolpern mit dem siedenden Wasser, Eimer um Eimer in die Wanne gießen, die aber in einer halben Stunde nicht voll wird, nicht einmal

44

halbvoll, so daß das Wasser immer wieder aus-
kühlt, bevor es reicht für ein Bad, alles in allem
wird es nicht einmal handwarm, und andere
Unannehmlichkeiten –

Eine kleine Wohnung in Basel wäre bequemer.

Nicht um Schnaps zu trinken, sondern um
Streichhölzer zu kaufen, Streichhölzer auf Vor-
rat, ist Herr Geiser ins nächste Dorf gegangen
und hat in der Pinte vergessen, Streichhölzer zu
kaufen.

Offenbar fallen Hirnzellen aus.

Bedenklicher als der Einsturz einer Trockenmauer wäre ein Riß durchs Gelände, ein vorerst
schmaler Riß, handbreit, aber ein Riß –

(So fangen Erdrutsche an, wobei solche Risse
lautlos entstehen und sich Wochen lang nicht
erweitern oder kaum, bis plötzlich, wenn man
nichts erwartet, der ganze Hang unterhalb des
Risses rutscht und auch Wälder mit sich reißt
und alles, was nicht Grundfels ist.)

Man muß auf alles gefaßt sein.

Einen Augenblick lang, vom Fenster her, hat es wirklich ausgesehen wie ein handbreiter Riß durch das ganze Gelände –

Auch ein Feldstecher kann täuschen.

Als Herr Geiser ins nasse Gelände gegangen ist, um zu wissen, worauf er gefaßt sein muß, an Ort und Stelle ist es die handbreite Spur der Katze durchs hohe Gras.

Herbstzeitlosen schon im August.

Ein riesenhafter Riß in dem Fels, der hinter dem Dorf fast senkrecht in die grauen Wolken steht, ist nicht von heute oder gestern; es wachsen Tannen darin. Ein Riß aus grauer Vorzeit. Seit Menschengedenken ist in diesem Tal kein Dorf verschüttet worden, und wo jemals Felsen herunter gestürzt sind und einige Ställe verschüttet haben, ist nie wieder gebaut worden. Die Einheimischen kennen ihr Tal.

Was der Feldstecher zeigt:

Flühe, stur wie eh und je –

Nicht alles, was Herr Geiser in den ersten Jahren

vor allem seiner Frau gegenüber, aber auch gegenüber Gästen aus der Stadt, die kein Interesse für Gesteine haben, als Granit bezeichnet hat, ist Granit. Das weiß Herr Geiser inzwischen und nicht nur durch den Schwiegersohn, der immer alles besser weiß.

Flühe also, Gestein –

(Zum Teil ist es auch Granit.)

Eine Stunde mit dem Feldstecher genügt, um Gewißheit zu haben, daß in dem hohen und fast senkrechten Fels, der als einziger das Dorf verschütten könnte, nirgends ein neuer Spalt entstanden ist; Bruchstellen aus der Gegenwart wären heller, grau und nicht verfärbt wie die ganze Fluh. Was auf den ersten Blick da und dort wie ein Spalt aussieht, zeigt sich im Feldstecher als schwarze Striemen auf glatter Wand, Verfärbung durch Rinnsale seit eh und je; vermutlich Algen. Der Grat, der oberste, ist allerdings in Wolken; Herr Geiser kennt ihn aber auswendig: es ist ein scharfer Grat ohne Trümmer, zackig seit Jahrtausenden, Gebirge, das die Gletscher der Eiszeit überragt hat, ein zuverlässiges Gestein.

1.)
GROBER, ZUWEILEN PORPHYROIDER GNEIS

2.)
GLIMMERSCHIEFER IN ABWECHSLUNG MIT
GNEIS, GRANITHALTIGEN UND AMPHIBOL-
ISCHEN ZONEN, MIT ZUCKERFÖRMIGEM
KALKSTEIN (MARMOR)

3.)
SERIENSCHIEFER / SCHIEFERTON

4.)
MASSIVE ODER AMPHIBOLISCHE SCHICHTEN
VON FELDSPAT.

5.)
QUARZ (ADERN, SCHICHTEN)

Was schon gedruckt ist, nochmals abzuschreiben mit eigener Hand (abends bei Kerzenlicht),
ist idiotisch. Warum nicht mit der Schere aus-
schneiden, was wissenswert ist und an die Wand
gehört? Herr Geiser wundert sich, daß er nicht
eher auf die Idee gekommen ist. Eine Schere
ist im Haus; Herr Geiser muß sie nur noch
finden. Ganz abgesehen davon, daß das Ge-
druckte leserlicher ist als die Handschrift eines
alten Mannes – auch wenn Herr Geiser sich Zeit
nimmt für Blockschrift – so viel Zeit hat der
Mensch nicht.

Geologische Formationen, Schichtfolgen, deren Schichten sich durch bestimmte in ihnen versteinerte Tiere und Pflanzen (→Leitfossilien) deutlich von den darunter- und darüberliegenden Schichtgruppen unterscheiden und eine *(stratigraphische)* Einheit darstellen. Zu ihnen gehören auch die gleichzeitig entstandenen Eruptivgesteine. Aufeinanderfolgende G. F. werden zu **Formationsgruppen** zusammengefaßt. Formationen und Formationsgruppen spiegeln durch ihren Inhalt Abschnitte der Erdgeschichte wider und werden darum auch als Zeitbegriffe verwendet, die G. F. im Sinne von Perioden, die Formationsgruppen im Sinne von **Erdzeitaltern** oder **Ären.**

Die Gletscher der Eiszeit haben dieses an den Kämmen und in den Tälern gestufte Gebirge nach neuen Gesetzen umgestaltet. In oberen Enden der Täler, Schluchten, Nischen und Dolinen haben sich vielfach Kare als Wannen eingefressen und die schon zu Graten gewandelten Kämme noch mehr zugeschärft. Aus den Tälern selbst schufen die mächtigen, im Inntal z. B. 1600 m mächtigen Eisströme zu U-Formen geweitete Tröge. Große Gletscher leisteten mehr Arbeit als kleine, so daß die Haupttäler in der Regel gegen die Seitentäler übertieft sind, diese in Stufen münden (hängen, Hängetäler). Im einzelnen zeigen die A. vielerorts die allen einst vergletscherten Gebirgen eigenen Spuren der nicht nur schleifenden und polierenden, sondern auch splitternden und brechenden glazialen Erosion: rundgebuckelte Hänge, die sich an der Schliffgrenze von den zackigen, scharfen, nicht vergletscherten Graten abheben, in flacherem Gelände von Seentümpel erfüllte Wannen, ausgesprochene Rundhöcker mit spiegelnden, aber wieder von groben Steinen gekritzten, geschrammten Gletscherschliffen, hie und da Moränen in Wallform, häufiger durch Moränen ausgekleidete Talflanken.

Eine solche komplizierte Struktur ist das Ergebnis einer langen Bauzeit. Wie bei allen in der gleichen Zeit gebauten, d. h. alpidischen Gebirgen, erstreckt sich diese über eine ganze Reihe geolog. Formationen und gliedert sich in eine Serie von Faltungsphasen. Gebirgswehen treten schon in der obersten Trias und im Lias auf. Die Stammfaltung im O ereignete sich in der mittleren Kreide. Mehrere kräftige Phasen folgen in der oberen Kreide und im Tertiär, und die Bewegungen setzen sich durch das Diluvium bis zur Gegenwart fort. Als ein Gebirge, das seine Struktur im wesentlichen in der Kreide und im Tertiär erhalten hat, sind die A. ein junges Falten- oder Deckengebirge.

Das diluviale Eisstromnetz, das auch die tieferen Pässe überstieg, dadurch die eiserfüllten Täler vergitterte, nur die obersten Grate inselhaft aussparte, ist schon in den warmen Interglazialzeiten, erst recht in der Postglazialzeit geschwunden. Es hat sich zu den heutigen Talgletschern in den Tälern, Hängegletschern auf den höheren Hängen, Kargletschern in den Karen umgewandelt; auch etliche Plateaugletscher haben sich gebildet. Diese rezente, augenblicklich in starkem Rückgang befindliche Vergletscherung gehört zusammen mit den Gipfelformen, den Mündungs- und anderen Stufen der Täler, den diese zerschneidenden Klammen und Schluchten, den oft frei über die Trogwände stürzenden Wasserfällen, den Seen zu den schönsten Landschaftsreizen der A. Die glaziale Unterschneidung der Hänge hat mit dem Schwinden der Gletscherwiderlager viele Bergstürze ausgelöst. Die Wannennatur der Trogtäler ist durch die kräftige Abtragung der Hochgebirge und die ihr entsprechende Ablagerung in der Tiefe verwischt. Diese stülpt mächtige Schwemmkegel in die größeren Täler, auf denen Murgänge den Siedlungen oft gefährlich werden.

Was Elsbeth sagen würde zu diesen Zetteln an der Wand, die sich von Tag zu Tag mehren, und ob sie es überhaupt dulden würde, daß Reißnägel in die Täfelung gesteckt werden, ist eine müßige Frage –

Herr Geiser ist Witwer.

Nicht jede Wand im Haus eignet sich für Reißnägel. Im Verputz haften die Reißnägel nur hin und wieder, keinesfalls zuverlässig; hilft man mit dem Hammer nach, so verkrümmt sich der Reißnagel sofort und fällt ab, und was bleibt, sind Löcher im weißen Verputz, worüber Elsbeth auch nicht entzückt wäre, und alles vergeblich; es bleibt kein Zettel an der Wand. Am besten eignet sich die Täfelung, wo ein einziger Reißnagel genügt, und Täfelung gibt es nur in der Wohnstube –

Elsbeth würde den Kopf schütteln.

Dabei ist das erst ein Anfang; die Wände der Wohnstube werden gar nicht ausreichen, zumal die Zettel nicht allzu hoch oder zu tief hängen sollten; sonst muß Herr Geiser jedes Mal, wenn er wieder vergißt, was er vor einer Stunde sorgsam ausgeschnitten hat, auf einen Sessel steigen oder sich in die Hocke lassen, um seine Zettel lesen zu können. Das ist nicht nur mühsam, sondern es erschwert die Übersicht, und schon einmal ist beinahe der Sessel gekippt. Wo findet sich, zum Beispiel, der Zettel, der Auskunft gibt über das mutmaßliche Hirn der Neandertaler? Stattdessen findet man wieder die Zeichnung mit dem Goldenen Schnitt. Wo hängt die Auskunft über Mutationen, Chromosome etc.? Oft ist es zum Verzagen; Herr Geiser weiß genau, daß es einen Zettel gibt (– es ist mühsam genug, Texte voll wissenschaftlicher Fremdwörter abzuschreiben, notfalls zwei oder drei Mal, bis die Abschrift korrekt ist) über Quanten-Theorie. Was gehört wohin? Einige Zettel, vorallem die größeren, beginnen sich zu rollen, wenn sie eine Weile lang an der Wand sind; sie bleiben nicht flach. Das kommt noch dazu. Um sie lesen zu können, muß man die Hände zu Hilfe nehmen. Einige rollen sich von unten auf, andere von beiden Seiten. Dagegen ist nichts zu machen. Von Tag zu Tag rollen sie sich mehr (was wahrscheinlich mit der Luftfeuchtigkeit zu tun hat) und Kleister ist nicht im Haus, sonst könnte Herr Geiser sie auf die Wand kleben, was auch wieder den Nachteil hätte, daß Herr Geiser, wenn er eine neue und wichtigere Auskunft gefunden hat, die bisherigen Zettel nicht auswechseln könnte. Der Goldene Schnitt zum Beispiel ist nicht so wichtig, und wieviele Einwohner der Kanton Tessin hat oder wie hoch das Matterhorn ist (4505 Meter über Meer) oder wann die Wikinger nach Island gekommen sind, kann Herr Geiser sich merken. So verkalkt ist man nicht. Flach bleiben die Zettel nur, wenn man für jeden Zettel vier Reißnägel verwendet, aber so viele Reißnägel sind nicht vorhanden. So rollen sie sich eben, die Zettel, und wenn man ein Fenster aufmacht und ein Durchzug entsteht, so flattert und raschelt die ganze Zettelwand.

Das ist keine Wohnstube mehr.

Das Bildnis von Elsbeth (Öl) von der Wand zu nehmen, um Platz zu haben für weitere Zettel, hat Herr Geiser bis heute gezögert. Es ist aber nicht anders zu machen.

Gedächtnisschwäche ist die Abnahme der Fähigkeit, sich an frühere Erlebnisse zu erinnern (**Erinnerungsschwäche**). In der Psychopathologie unterscheidet man von der Gedächtnisschwäche die **Merkschwäche**, die Abnahme der Fähigkeit, neue Eindrücke dem Altbesitz des G. einzuverleiben. Gedächtnis- und Merkschwäche sind nur dem Grade nach verschieden. Bei den Alterskrankheiten des Gehirns (Altersblödsinn, Gehirn-Arterienverkalkung) und anderen Gehirnkrankheiten nimmt zuerst die Merkfähigkeit, später auch das G. ab.

Manchmal schreibt Herr Geiser auch auf Zettel, was er ohne Lexikon zu wissen meint und was ebenfalls an die Wand gehört, damit Herr Geiser es nicht vergißt:

DIE ZELLEN, DIE DEN MENSCHLICHEN KÖRPER BILDEN, INBEGRIFFEN DAS HIRN, BESTEHEN MEHRHEITLICH AUS WASSER

DIE ERDE IST KEINE VOLLKOMMENE KUGEL

VULKANE HAT ES IM TESSIN NIE GEGEBEN

DIE FISCHE SCHLAFEN NIE

DIE SUMME DER ENERGIE BLEIBT KONSTANT

DER MENSCH GILT ALS DAS EINZIGE LEBE-
WESEN MIT EINEM GEWISSEN GESCHICHTS-
BEWUSSTSEIN

SCHLANGEN HABEN KEIN GEHÖR

3/4 DER ERDOBERFLÄCHE IST WASSER

EUROPA UND AMERIKA RUTSCHEN JEDES
JAHR ZWEI ZENTIMETER AUSEINANDER,
NACHDEM SCHON GANZE KONTINENTE
(ATLANTIS) UNTERGEGANGEN SIND

SEIT WANN GIBT ES WÖRTER?

DAS ALL WEITET SICH AUS

Sonntag:
10.00
Regen wie Spinnweben über dem Gelände.

10.40

Regen als Perlen an der Scheibe.

11.30

Regen als Stille; kein Vogel zwitschert, im Dorf
kläfft kein Hund, die lautlosen Hüpfer in jedem
Tümpel, die langsam gleitenden Tropfen an den
Drähten.

11.50

kein Regen.

13.00

Regen, der nicht zu sehen ist, man spürt ihn bloß
auf der Haut, wenn man die Hand aus dem
Fenster streckt.

15.10

Regen als Zischen im Laub der Kastanie.

15.20

Regen wie Spinnweben.

16.00

kein Regen, nur das Efeu tropft.

17.30

Regen mit Wind, der gegen die Fensterscheiben
klatscht, draußen Spritzer auf dem Granit-
Tisch, der schwärzlich geworden ist, die Spritzer wie weiße Narzissen.

18.00

wieder das Gurgeln ums Haus.

19.30

kein Regen, aber Nebel.

23.00

Regen als Glitzern im Schein der Taschenlampe.

Wenigstens schneit es nicht.

Im Winter, wenn es schneit, ist es ein schwarzes Tal. Schwarz der Asphalt zwischen Schollen von Schnee, der zur Seite gepflügt worden ist. Schwarz die Fußstapfen im nassen Schnee, wenn es taut, und schwarz der nasse Granit. Schnee plumpst von den Drähten; die Drähte sind schwarz. Schnee in den Wäldern, Schnee auf dem Boden und auf den Ästen, aber die Stämme sind schwarz. Auch auf den Dächern liegt Schnee; schwarz die Kamine. Nur der Post-Bus bleibt gelb; er fährt mit Ketten, ihre Spur ist schwarz. Da und dort eine rötliche Weide, fast fuchsrot, das Farnkraut wie verrostet, und wenn die Bäche nicht vereist sind, schwarz das Wasser zwischen verschneiten Steinen. Der Himmel wie Asche oder Blei; auch das verschneite Gebirge über dem schwarzen Wald erscheint nicht weiß, nur fahl. Alle Vögel, wenn sie fliegen, sind schwarz. Unter den Traufen wird es schwarz von Tropfen. Tannenzweige bleiben grün; schwarz die Tannenzapfen im Schnee. Die Kreuze auf dem Friedhof sind meistens schwarz. Nicht einmal die Schafe im Gelände sind weiß,

sondern schmutzig-grau. Ein weißer Schnee-
mann, den man für die Enkelkinder aufgetürmt
hat und versehen mit einer Rübe als Nase, steht
auf schwarzem Moos. Die Schuhe, die man
nachher an die Heizung stellt, sind schwarz vor
Nässe. Wenn es nicht schneit, kann man oft
ohne Mantel gehen, so warm ist es über Mittag,
Himmel wie über dem Mittelmeer; kein Laub,
man sieht mehr Fels als im Sommer und der Fels
erscheint silbergrau, wenn er trocken ist. Die
Reben sind kahl, die Hänge braun von verdorr-
tem Farnkraut; darin die weißen Stämme der
Birken. Nur die Nächte sind kalt, tagsüber
bleibt die Erde gefroren unter dem raschelnden
Herbstlaub, aber es kommt vor, daß man zu
Weihnachten draußen an der Sonne seinen Kaf-
fee trinkt. Die Gletscher, die sich einmal bis
Mailand erstreckt haben, sind überall im Rückzug; die letzten Lappen von schmutzigem Schattenschnee schmelzen auch in der Höhe spätestens im Mai. Nur in einer Schlucht, wo die
Sonne kaum hinkommt, halten Reste von Lawinen sich länger; auch sie verschwinden. Alles
in allem ein grünes Tal. Wenn der Kanton mit
seinem gelben Bulldozer kommt, um da oder
dort die Straße zu verbreitern, sieht man Moräne, Schutt von den großen Gletschern der
Eiszeit; die Moräne ist so hart, daß gesprengt

werden muß. Dann blasen sie drei Mal in ein kleines Horn und zeigen eine rote Fahne, kurzdarauf prasselt es, Kies und Geröll aus der Eiszeit.

> Das Dorf liegt auf einer schmalen, mit Grundmoräne bedeckten Hangterrasse, die sich als Überrest eines ehemaligen Talbodens bis nach Spruga hinauf verfolgen läßt.

Heute Vormittag konnte man Minuten lang meinen, es gebe Schatten unter der großen Tanne – und sofort zwitschern zwei oder drei Vögel im Gelände; trotz einzelner Schauer, die glitzern, scheint es nicht ausgeschlossen, daß die Sonne plötzlich durchbricht. Das Gewölk, das von den oberen Hängen nicht loskommt, auch im Lauf des Nachmittags nicht, ist bauschig und eigentlich nicht grau, da und dort geradezu bläulich. Nur die Tanne bleibt schwarz vor Nässe. Immerhin ahnt man, wo hinter dem Gewölk sie sich im Augenblick befindet, die Sonne, und zum ersten Mal seit einer Woche kann man sich vorstellen, daß morgen oder übermorgen (es kommt auf einen Tag nicht an) die Sonne scheint –

Es bleibt das Rauschen der Schlucht.

Erst am Abend, als Herr Geiser nochmals ans Fenster tritt, um Ausschau zu halten nach dem Mond, steigen wieder die grauen Schwaden aus dem unteren Tal herauf. Es regnet nicht, nur kommen wieder diese Schwaden; einige verfransen an den Hängen und schwinden wieder, andere aber nicht. Eine Viertelstunde später ist die Tanne nicht mehr zu sehen.

ZÜGE (SBB) MIT ANSCHLUSS IN BELLINZONA

LOCARNO:	BASEL:
09.43	14.26
11.57	16.16
15.48	20.19
18.06	22.27
23.29	04.12

Das Tal hat eine einzige Straße, die kurvenreich ist, aber fast überall versehen mit einem eisernen Geländer; eine schmale, aber ordentliche Straße, die nur Ausländern, insbesondere Holländern, Angst macht. Unfälle mit tödlichem Ausgang sind seltener, als man beim ersten Anblick dieser Straße erwartet. Die stete Sicht in Schluchten auf der einen Seite, Fels mit scharfen Kanten auf der andern Seite, die Ahnung, daß das eiserne Geländer einen Wagen nicht halten könnte, machen die Fahrer wach und vorsichtig. Wo zwei

Wagen nicht aneinander vorbeikommen, muß der Fahrer, der von oben kommt, rückwärts fahren, bis er ausweichen kann. Ein alter Arbeiter betreut die Straße jahrein und jahraus, einmal da und einmal dort sichelt er das wuchernde Farnkraut von der Böschung oder entfernt die Steinbrocken, die auf den Asphalt gefallen sind, im Herbst fegt er das nasse Laub weg. Bund und Kanton tun alles, damit das Tal nicht ausstirbt; Post-Bus drei Mal täglich.

Alles in allem kein totes Tal.

Es gibt Schlangen, Ringelnattern, die harmlos sind, und verschiedene Arten von Vipern, darunter die Aspis-Viper, aber es können ganze Sommer vergehen, ohne daß man auch nur eine Ringelnatter erblickt, man hört bloß ihr Rascheln in den Brennesseln. Es wimmelt von Eidechsen, die ebenfalls harmlos sind; sie sonnen sich auf dem steinernen Fenstersims und huschen an der Hausmauer hinauf und hinunter. Bären gibt es keine mehr, Eber auch nicht, schon Füchse sind selten, Wölfe gibt es nicht einmal als Gerücht. Sommergäste aus der Großstadt, die auf ihren Wanderungen einen Adler gesehen haben wollen, sind nicht ernstzunehmen; der letzte Adler, der dieses Tal beflogen haben soll, hängt seit dem Ersten Weltkrieg in einer verrauchten Wirtsstube. In der Höhe soll es Murmeltiere geben. Kühe sind selten, da die Hänge zu schroff sind, es ist eher ein Tal für Schafe und Ziegen und Hühner.

Neuerdings gibt es Kehrichtabfuhr.

Noch vor kurzem warfen sie ihre Abfälle einfach über den Hang neben der Kirche: Flaschen, Lappen, Büchsen und alte Schuhe, Schachteln, Pfannen, Strümpfe usw., wobei das eine und andere in den Büschen hängen blieb.

Die Bevölkerung ist katholisch.

Zeugnisse dafür, daß das Tal schon von den alten Römern bewohnt worden wäre, gibt es kaum. Kein römisches Pflaster, geschweige denn Reste einer Arena. Wald und Geröll haben auch die mittelalterlichen Herrschaften nie gelockt, sie befestigten sich lieber in der Ebene und am See, wo Herrschaft sich lohnte. Kein Visconti oder Sforza hat je dieses Tal betreten. Nicht einmal ein Raubritter hat hier einen Turm hinterlassen. Kein Ortsname erinnert an Sieg oder Niederlage, weder Hannibal noch Suvaroff sind hier vorbeigekommen.

Ein Tal ohne Durchgangsverkehr.

Hin und wieder hört man den flatternden Schall eines Helikopters, der Baustoff transportiert, irgendwo wird noch gebaut.

Sonst ereignet sich wenig.

Früher hat die Bevölkerung von der Strohflechterei gelebt, Heim-Industrie mit Kinderarbeit, bis auf dem Markt zu Mailand die billigen Japaner erschienen sind.

Die Jungen wandern aus.

Ein Stausee ist nicht vorgesehen.

Einen Einheimischen zu finden, der einem Rentner das Gras mäht, ist schon beinahe unmöglich. Auch das Gras lohnt sich nicht mehr. Trotzdem steigen die Bodenpreise auch hier; wer Boden besitzt, auch wo er sich nicht lohnt, fühlt sich sicherer. Die Feigen werden nicht reif, aber die Trauben. Viele Kastanien haben den Krebs. Im Herbst sind Holzfäller an der Arbeit, Tage lang hört man das Geknatter ihrer Motorsäge, ohne die Männer im Gehölz zu sehen.

Alles in allem ein stilles Tal.

Was Herr Geiser insbesondere geschätzt hat, ist die Luft, die Abwesenheit von Industrie. Auch das Wasser der Bäche ist unverschmutzt wie im Mittelalter. Eine verfaulende Matratze in einer unzugänglichen Schlucht, das kommt vor; in der Regel wäre das Wasser zu trinken.

BANDITA DI CACCIA

die Jagd ist gesetzlich geregelt.

CADUTA DI MASSI / STEINSCHLAG

gemeint sind die kleinen Brocken, die gelegentlich auf dem Asphalt der Straße liegen; kein Bergsturz; die Hänge haben das Gefälle, das sich hält, und die Grate in der Höhe bleiben wie eh und je. Die Gletscher befinden sich seit Jahrhunderten im Rückzug. Die letzten Lappen von schmutzigem Schattenschnee schmelzen spätestens im Juli oder August. Auch die Bäche haben ihr Bett seit Menschengedenken, groß genug auch für schwere Gewitter. Eine Feuerstelle am Bach, erstellt von den Enkelkindern, ist im folgenden Jahr verschwunden infolge Hochwasser, aber die Mulden und Schliffe im Fels, die das Wasser sprudeln lassen, und die großen Platten, die nur bei Hochwasser überspült werden, sowie die scharfen Kanten der Blöcke bleiben von Jahr zu Jahr dieselben, nur die runden glatten bunten Kiesel im Bach sind von Jahr zu Jahr vermutlich andere.

Erosion ist ein langsamer Vorgang.

Im Sommer sieht man dann und wann ein Zelt, gelb oder blau, und wo man es nicht erwartet, steht unter Bäumen ein Wagen mit deutscher Nummer und Leute baden im Bach, Touristen. Steigt man in die Höhe, so trifft man keine Zeitgenossen mehr; man findet Ruinen von steinernen Ställen, das Gebälk eingestürzt, die Mauern stehen noch im Geviert, im Innern wuchern Brennesseln unter dem freien Himmel und es rührt sich nichts. Es bellt kein Hund. Andere Ställe, die noch nicht eingestürzt sind, stehen offen; tritt man ein, so riecht es fast noch ein wenig nach Heu, der Mist der Ziegen ist vertrocknet, fast versteinert. Skelette von Bewohnern sind nicht zu finden. Die Brunnen, gleichfalls aus Granit, stehen leer und trocken, der Wasserhahn ist für immer verrostet, die Aussicht herrlich, nicht anders als vor Jahrtausenden. Da und dort eine kleine Kapelle; die verblichene Muttergottes hinter einem verrosteten Gitter und eine verrostete Büchse mit verdorrten Blumen davor, Fresken unter dem Vordach, zum Teil zerstört, da die Ziegen sich den Salpeter von den Mauern lecken.

Ein Tal ohne Baedeker-Stern.

Hinten im Tal, wo die Straße aufhört, stehen die italienischen Grenzwächter in ihrer Uniform, Burschen aus Palermo und Messina, ihre Hände in den Hosentaschen, froh, wenn ein Holzfäller oder ein Sportfischer sich mit ihnen unterhält. Der Schmuggel über unwegsamem Gebirge lohnt sich zur Zeit auch nicht. Es gibt Steinbrüche hinten im Tal, ab und zu eine Sprengung, eine Serie von Sprengungen, dann eine Wolke von Staub über dem Wald; später fahren die Lastwagen, beladen mit Quadern oder Platten, hinunter ins Tal. Die Goldwäscherei in den Bächen hat sich nie gelohnt. Im Sommer gibt es Preiselbeeren, auch Pilze. Wenn es nicht regnet, so ist über den Bergen, hoch im blauen Himmel, die weiße Spur von Verkehrsflugzeugen zu sehen, die man nicht hört. Der letzte Mord im Tal, nur gerüchteweise bekannt, da er nie vor ein Gericht gekommen ist, liegt schon um Jahrzehnte zurück. Auch die Inzucht ist im Schwinden, seit die Burschen ihr Motorrad haben, ebenso die Sodomie.

Seit 1971 gibt es das Frauenstimmrecht.

Einmal im Sommer hatten die Spechte sozusagen eine Idee: sie pickten nicht mehr auf die Rinde der alten Kastanie, sondern plötzlich an die Fensterscheiben, und es kamen immer mehr, alle wie versessen auf Glas. Auch Bändel mit glitzerndem Staniol verscheuchten sie nicht auf die Dauer. Es wurde eine Plage. Trat man ans Fenster, um sie persönlich zu verscheuchen, so wählten sie flugs ein anderes Fenster, und man konnte nicht überall am Fenster stehen und in die Hände klatschen. Wirksamer war es, wenn Herr Geiser mit einer Latte auf den Granit-Tisch schlug, so daß es knallte wie ein Schuß, dann flohen sie und warteten in den Zweigen ringsum. Später tönte es wieder an diesem oder jenem Fenster; sie konnten im Anflug sich an der glatten Scheibe nicht halten, so daß sie im Flattern nur zwei oder drei Mal auf das Glas pickten, ausnahmsweise vielleicht vier Mal. Im Sommer darauf hatten sie es wieder vergessen. Zwei Mal in der Woche fährt eine blonde Metzgerin das ganze Tal hinauf, sie ist deutscher Abstammung, Tessinerin durch Heirat, und verkauft Fleischwaren aus ihrem Volkswagen. Die Fischerei ist wenig ergiebig. Viele Kastanien haben den Krebs, aber alles in allem ist es ein grünes Tal, waldig wie zur Steinzeit. Das Farnkraut wird beinahe mannshoch. Im August, wenn es nicht regnet, sind Sternschnuppen zu sehen oder man hört ein Käuzchen. Bei Nebel im unteren Tal, wenn über dem Nebel der Mond scheint, kann es aussehen wie ein See mit verzackten Buchten, ein Fjord, es fehlt nur ein Schiff, das unterhalb des Dorfes vor Anker läge, ein schwarzer Kutter, ein Walfischfänger.

Der Saumweg, der 1768 durch die Brüder Remonda aus Comologno auf eigene Kosten ausgebaut wurde, stellte bis zum Bau der Straße im Jahre 1896 die Verbindung der Valle Onsernone mit der Außenwelt her.

Trotz der ursprünglichen Armut des Bodens, der wenig einsichtsvollen landvögtlichen Regierung, der unausgesetzten Aufteilungen und Plünderungen zum Schaden der Tessiner Gemeinden durch französische, österreichische und russische Armeen zur Zeit der französischen Revolution und des ersten Napoleons, vollbrachten die Tessiner wirkliche Wunder durch die Eröffnung bequemer und schöner Straßen von Chiasso nach Airolo, von Brissago zum Lukmanier, ja selbst in alle die Nebentäler und die Hänge der steilsten Berge entlang bis hinauf zu den verlorensten Alpdörfern, um diese der Kultur näher zu bringen.

In Island gibt es Moränen aus der letzten Eiszeit, die heute noch nicht überwachsen sind, ganze Täler voll Geröll, sie bleiben Wüste für alle Zeit. Ohne Rover wäre man verloren. Es gibt Gletscher, die ins Meer hangen. Ein einziger von ihnen, VATNAJÖKUL, ist größer als alle Gletscher der Alpen zusammen. Vulkane gibt es reihenweise, Kegel aus Asche; man kann sie besteigen, dann schaut man auf eine andere Art von Wüste, wo auch der Rover nichts hilft, Wüste aus schwarzer und brauner und violetter Lava. Kein Baum. Was aus der Ferne wie eine grüne Oase erscheint, meistens ist es Moor. Man fährt Tage lang, ohne ein Gehöft zu sehen; dann und wann ein paar einzelne Schafe, es reicht nicht für eine Herde, was da grünt zwischen dem Geröll. Wenn man in der Nacht vor das Zelt tritt, kein einziges Licht auf der Erde. Kein Laut. Tagsüber gibt es Vögel, viele Vögel. Wenn einmal die Sonne scheint, so glänzen in der Ferne die flachen Hauben der endlosen Gletscher. Meistens sind nur Wolken zu sehen, darunter die Ebene aus Kies. Da und dort liegen große Steine auf der Ebene, rund und glatt, so wie die Gletscher der Eiszeit sie geschliffen haben, und da bleiben sie. Das Wetter wechselt von Stunde zu Stunde, die Wüste bleibt, sie wechselt nur ihre Farben und es gibt keine Farbe, die in der Wüste nicht vorkommt im Verlauf der langen Tage. Die eigene Wagenspur im Kies oder im Schlamm ist oft das einzige Zeichen dafür, daß es Menschen gibt auf diesem Gestirn. Es gibt Blumen, kleine wie in den Alpen, alle Sorten von Moos und Flechten. Anderswo zischt es aus dem Boden, es gluckst oder sprudelt grünlich zwischen gelblichen Krusten und riecht nach Schwefel. Es gibt ganze Mulden und Schluchten, die vom Schwefel gefärbt sind, anderswo eine Ebene voll Fahnen aus weißem Dampf, anderswo Wasserfälle. Ein breiter Strom aus Gletscherwasser stürzt über eine Basalt-Tafel in die Tiefe oder über mehrere Basalt-Tafeln, eine tosende Unmasse von grauem Wasser; der Basalt, wo er naß ist, glänzt wie Bronze, und eine Wolke von Gischt ist meilenweit zu sehen, ein Regenbogen dazu. Wenn es regnet, so regnet es meistens nicht lang. Ein blauer Himmel ist selten. Über dem Hochland liegen die Wolken niedrig und streifen die Gletscher, so daß sie grau werden, die Gletscher, und Himmel erscheint bloß als schmaler Streifen am Horizont, gelb wie Bernstein oder Zitrone und gegen Mitternacht lila. Kurzdarauf ist Morgen, in der Ferne ein rötliches Gestäube, ein Sandsturm. Anderswo ein hundertfaches Geäder von blinkenden Flüssen in einer Ebene. Es gibt Fjorde ohne ein einziges Schiff, ohne eine lebendige Seele, abgesehen von einem jungen Seehund. Kein Gehöft, nicht einmal ein verlassenes, kein Menschenwerk. Brandung um einen schwarzen Lava-Turm; der Aschenkegel ist weggespült. Rings um die Fjorde die waagrechten Berge, diese immergleichen Basalt-Tafeln; die Halden hinunter ins Meer sind grün. Welt wie vor der Erschaffung des Menschen. Manchenorts ist nicht zu erraten, welches Erdzeitalter das ist. Erschaffen sind die Möwen; ihr weißes Geflatter vor dem tintenblauen Gewölk über einem fahlen und bleiernen Meer. In der Regel kommen Eisberge nicht in Sicht, aber das Meer ist eisig. Trotz Golfstrom. Nicht nur an den nördlichen Halden bleiben Striemen von altem Schnee; der Sommer reicht nicht aus, um ihn zu schmelzen. Trotz der überlangen Tage. Wenn das Eis der Arktis schmilzt, so ist New York unter Wasser. Ein Zeichen dafür, daß die Erschaffung schon stattgefunden hat, ist ein Leuchtturm, anderswo eine amerikanische Radar-Station. Da und dort Treibholz aus Sibirien. Unter dem tiefen Gewölk ist das Meer schwarz mit wechselnden Flecken von Quecksilber, eine Stunde lang erscheint es blau wie das Mittelmeer, um Mitternacht wie Perlmutter. Es gibt Vulkane, die von Gletschern überdeckt sind, HEKLA, der einzige

Vulkan, der zur Zeit raucht. Ein anderer Vulkan, ein neuer, ist im Meer entstanden, eine Insel aus Asche und Basalt; die ersten Bewohner, wenn die Lava erkaltet ist, sind Vögel, die sich von Fischen nähren; ihre Exkremente sind der Anfang einer Oase, die Menschen bewohnen können, bis eine nächste Lava alles erstickt. Wahrscheinlich sind es Fische, die uns überleben, und die Vögel.

Mensch, latein. **homo,** griech. **anthropos** (hierzu MODELL S. 685 und TAFELN S. 676 und 684).

1) Die Sonderstellung des M. Der Mensch hat sich und seine Daseinsumstände, so weit die Überlieferung zurückreicht, als ein Rätsel empfunden; er ist sich selbst unausschöpfliches Thema kraft seiner Fähigkeit, sich (als das ‚Subjekt‘) der Welt, in der er lebt (den ‚Objekten‘) gegenüberzustellen, →Philosophie. Dieses Abstandnehmen zu der Welt ist die Voraussetzung dafür, sich ihrer zu bemächtigen und damit für die Sonderleistung des M.

Da der M. sich aus sich selbst nicht verstehen kann, hat er seit uralten Zeiten versucht, sich über die Gottheit (→Religion) oder über ein anderes Nichtmenschliches hinweg zu begreifen, indem er sich mit diesem sowohl gleichsetzte wie von ihm abhob: sei es ein Tier (→Totemismus), in Ahnengeist (→Ahnenbild, →Ahnenverehrung) oder sonst ein Alter Ego (→Maske), sei es in rationalist. Zeitaltern eine Maschine (LAMETTRIE: L'homme machine).

Daß der M. ein *geschichtl. Wesen* ist, bedeutet eine bis ins Innerste gehende Formung durch überlieferte Fertigkeiten, Künste, Wissenschaften, Sitten, Rechtsanschauungen und Werthaltungen, zu denen er sich kritisch verhält, die er ergänzt, anreichert, vereinfacht, kompliziert, umbildet und verändert.

Hinzu kommt die Fähigkeit, sich einen andersartigen Zustand vorzustellen und diesen bewußt zu planen, Ziele und Zwecke zu setzen – die produktive Phantasie und der Wille. Höhere Tiere lassen Hoffnungen und Befürchtungen erkennen, nur der M. ‚hat Zukunft‘. Ermöglicht sind diese Fähigkeiten durch eine Rückbildung jener starren angeborenen zweckmäßigen Verhaltenssschemata, die wir beim Tier ‚Instinkte' nennen. Der M. lebt nicht eingepaßt in eine artbesondere natürliche →Umwelt, in der er sich instiktiv orientieren könnte, sondern er ist zur Zurichtung und Veränderung beliebiger Naturumstände durch seine Intelligenz, seine Handlungen und seine Arbeit fähig. Damit sind einerseits zahllose Möglichkeiten erhaltungswidrigen (nicht-angepaßten) Verhaltens gegeben, Irrtümer und Irrwege, Fehlentwürfe und Fehlentscheidungen, anderseits aber konnte der M. seine Art über die ganze Erde verbreiten und sich selbst in seinen Lebensformen differenzieren. Weite Gebiete der Erdoberfläche hat er für seine Lebensbedürfnisse umgestaltet; der Anteil der Kulturlandschaft nimmt ständig zu.

Es sind Hänge gerutscht, aber nicht hier, sondern hinten im Tal. Es sehe wüst aus. Der Bach habe sein Bett jetzt anderswo, der ganze Birkenwald sei weg, einfach weg, der ganze Talboden voll Geschiebe – Herr Geiser kennt die Gegend von Wanderungen mit den Enkelkindern – sie sei nicht wiederzuerkennen; die eiserne Brücke zum Sägewerk sei weg und auch nicht mehr nötig, da der Bach jetzt anderswo fließt. Von der Straße sei nichts mehr zu sehen. Das Sägewerk, zu einem Drittel eingestürzt, stehe nicht mehr rechts vom Bach, sondern links, und das Erdgeschoß mit den Maschinen sei voll Kies und Sand, der Bach voller Stämme, die das Geröll geschält hat, und Wellblech. Eine Schneise sei entstanden, der Hang jetzt ohne Wald und Erde, von oben bis unten nichts als nackter Fels, es sehe wüst aus.

Menschen sind nicht umgekommen.

Der das berichtet hat, kann nur Francesco gewesen sein, der Sekretär der Gemeinde, der gestern vorbei gekommen ist, um sich den Feldstecher auszuleihen; sonst hat Herr Geiser in den letzten Tagen niemand gesehen.

CHE TEMPO, CHE TEMPO!

Unten am Isorno sei auch die alte Brücke weg, so daß der frühere Saumpfad ebenfalls unterbrochen ist, ein Gewölbe von Fels zu Fels und mindestens zehn Meter über dem Bach, ein Bauwerk, das Jahrhunderte lang gehalten hat; vermutlich hat die enge Schlucht sich mit Stämmen gefüllt, die das Wasser gestaut haben.

Übrigens regnet es weiter.

Der deutsche Sonnenforscher ist nicht wiedergekommen, was Herr Geiser verstehen kann; die Fragen eines Laien, der sich den Gekrümmten Raum nicht vorstellen kann und trotzdem fragt, sind für einen Gelehrten langweilig, und eigentlich möchte Herr Geiser auch nicht, daß jemand ins Haus kommt und seine Zettel an der Wand sieht.

BEREIT SEIN IST ALLES.

BLITZGESCHWINDIGKEIT:
100.000 KM PRO SEKUNDE.
STROMSTÄRKE DER BLITZE:
20 BIS 180.000 AMPÈRE

VERWANDLUNG VON MENSCHEN IN
TIERE, BÄUME, STEINE ETC.
SIEHE: METAMORPHOSE / MYTHOS

STEINZEIT: 6000 – 4000 V.CHR.
JUNGSTEINZEIT: BIS 1800 V.CHR.

Der Strom ist wieder da und Herr Geiser steht
mit der Kerze in der Hand und erinnert sich
nicht, warum er den Hut auf dem Kopf hat.

Die Kochplatte glüht.

Licht auch im Keller.

Herr Geiser hat nicht vergessen, daß die Tief-
kühltruhe, die wieder summt, leer ist, und erinnert sich auch, warum er den Hut auf dem
Kopf hat: Herr Geiser wollte zur Post gehen.
Der Hut hat keinen Zweck; Herr Geiser hat
vergessen, daß die Straße gesperrt ist und keine

Post verkehrt. Die Kerze hat keinen Zweck, der Strom ist wieder da.

Irgendetwas vergißt man immer.

Wer hat von der Verwüstung berichtet?

Während Herr Geiser sich nicht erinnert, wohin er die Kerze gelegt hat für den Fall, daß der Strom nochmals ausfallen sollte, glüht die Kochplatte noch immer; leider ist die Suppe zum Aufwärmen, die Minestrone, säuerlich geworden, die Kochplatte hat keinen Zweck.

Es sind Hänge herunter gekommen –

Herr Geiser erinnert sich, was er in den Schubladen hat suchen wollen, nämlich Siegellack, und während er endlich die glühende Kochplatte ausschaltet, erinnert er sich auch, warum er, statt in den Schubladen zu suchen, in die Küche gegangen ist; Herr Geiser hat den Glühschein der Kochplatte gesehen, offenbar ist der elektrische Strom schon seit einiger Zeit wieder da.

Herr Geiser trägt noch immer den Hut.

Auch der Stundenschlag ist wieder da.

Drei Uhr nachmittags.

Als Herr Geiser sich wundert, warum er mitten im Nachmittag eine Kerze gebraucht hat, fällt ihm auch wieder ein, daß er ein Schriftstück hat versiegeln wollen, eine Verfügung für alle Fälle. Einmal Ordnung zu machen in den Schubladen ist sein Vorsatz, während Herr Geiser eine Pfanne sucht. Die Pfanne, die kleine, steht aber schon auf der Kochplatte, das Wasser siedet, obschon die Kochplatte nicht mehr glüht, und Herr Geiser hat vergessen, daß er, während er an die Unordnung in den Schubladen gedacht hat und an die Erben, seinen Tee schon ausgetrunken hat; die leere Tasse ist warm, der Teebeutel dunkel und naß.

Was sich in den Schubladen findet:

Unterlagen für das Steueramt, ein Kataster-Plan vom Grundstück, Quittungen, Schlüssel zu einem FIAT, den es seit Jahren nicht mehr gibt, die Diplom-Urkunde vom Technikum, allerlei Briefe, die die Erben nichts angehen, und ein verjährtes Röntgen-Bild von seiner Wirbelsäule, seinen grauen Rippen, seinen weißen

76

Hüftknochen, ferner Siegellack, aber kein Siegel, und was ebenfalls nicht zu finden ist: sein Paß.

Es ist vier Uhr nachmittags.

Herr Geiser braucht im Augenblick seinen Paß nicht, hingegen ein Saridon gegen Kopfschmerzen, die nicht rasend sind, nur langweilig, und einmal Ordnung zu machen auch in der kleinen Apotheke ist es Zeit, alles wegzuwerfen, wovon Herr Geiser nicht mehr weiß, ob es gegen Juckreiz oder gegen Harnsäure gemeint ist, gegen Herzbeschwerden, gegen Verstopfung, gegen Mückenstiche oder gegen Sonnenbrand usw.

Ein Feuer-Salamander im Bad –

Als Herr Geiser beiläufig im Spiegel sieht, daß er noch immer einen Hut auf dem Kopf trägt, fällt ihm ein, wo sein Paß ist.

Langsam läßt der Kopfschmerz nach.

Der Feuer-Salamander muß durch das offene Fenster hereingefallen sein, und da er an den glatten Kacheln nicht wieder hochkommt, liegt er einfach da, schwarz mit gelben Tupfen, reglos. Man mag ihn nicht anfassen, obschon Feuer-Salamander harmlos sind. Nur wenn Herr Geiser ihn mit der Schuhspitze etwas bedroht, strampelt er mit allen Vieren. Wie aus Pflicht. Kurzdarauf verharrt er wieder, Panzerhaut, schwarz mit gelben Tupfen darauf und schleimig. Auch Kitty, die Katze, rührt den Feuer-Salamander nicht an, stattdessen streicht sie wieder um die Hosenbeine, sobald Herr Geiser in die Küche geht.

Die Kochplatte ist ausgeschaltet.

Katzen fallen immer auf die Pfoten, trotzdem jault sie jetzt vor der Haustüre, vielleicht hat Herr Geiser noch gesagt: Hau ab – dann aber kein Wort mehr im Haus.

Draußen regnet es.

Was im Haus fehlt: eine Leiter.

Sicher sind die grauen Spinnweben an der Decke schon lange da; hat man sie einmal gesehen, so hat man keine Ruhe mehr; ein gewöhnlicher Besen reicht nicht hin, da die Decke über der Treppe einfach zu hoch ist, und man kann nicht einen Stuhl auf die Treppe stellen.

Herr Geiser kommt nicht zum Lesen.

Später am Tag liegt der Feuer-Salamander auf dem Teppich im Wohnzimmer, was ekelhaft ist. Herr Geiser nimmt ihn mit der kleinen Schaufel und wirft ihn in den Garten hinaus, aber die Spinnweben über der Treppe sind immer noch da. Es gibt nur eine Möglichkeit, sie herunter zu holen: indem Herr Geiser den langen Handlauf des Treppengeländers abschraubt, dann an dem langen Handlauf einen kleinen Besen befestigt mit Draht –

Kitty jault noch immer vor der Haustüre.

Die Spinnweben sind weg.

Wasser im Keller, das ist es nicht, was Herr Geiser im Keller hat nachsehen wollen; das hat Herr Geiser schon gesehen. Plötzlich ist die Zange da, aber keine Ahnung, wozu man sie vor einer Stunde gesucht hat. Hingegen erinnert sich Herr Geiser jetzt an die Männer im blauen Overall und an das Trinkgeld, das er ihnen gegeben hat, und ob der Heizöltank gefüllt ist, braucht Herr Geiser nicht nachzusehen.

Im September kann es schon kalt werden.

Später am Tag, als Herr Geiser wieder den krummen Nagel in der Wand sieht, hat er keine Ahnung, wo er die Zange hingelegt hat.

Der krumme Nagel muß weg.

Dabei geht die Schere kaputt.

Alles geht kaputt; gestern das Thermometer, heute das Treppengeländer: die alten Schrauben wollen nicht mehr in den Rost zurück, jetzt stehen auf der Treppe lauter Stäbe ohne Handlauf.

Der Mensch bleibt ein Laie.

Der Feuer-Salamander auf dem Teppich im Wohnzimmer muß ein andrer gewesen sein; der andere liegt noch immer im Bad, schwarz mit gelben Tupfen und schleimig.

Die Lupe ist im Rucksack.

Eigentlich hat Herr Geiser ein Bad nehmen wollen, da es wieder warmes Wasser gibt, nach der vergeblichen Arbeit am Treppengeländer; Herr Geiser hat geschwitzt, und seine Hände sind rostig von den Schrauben.

Es wäre Zeit für die Nachrichten.

Betrachtet man einen Feuer-Salamander unter der Lupe, so erscheint er wie ein Ungetüm: wie ein Saurier. Sein übergroßer Kopf, die schwarzen Augen ohne Blick. Plötzlich bewegt er sich. Sein ungelenker Gang in einer Art von Liegestütz, der Schwanz bleibt dabei unbeweglich. Er strampelt sich stur in eine Richtung, wo er nie weiterkommt. Plötzlich hält er wieder inne, Kopf in die Höhe gereckt. Dabei ist zu sehen, wie sein Puls schlägt. Ein entsetzlicher Stumpfsinn in allen Gliedern.

Salamander (Salamandridae; Molche), Schwanzlurche: 1) *Erd-S.*, Feuer-S. (Salamandra maculosa) u. Alpen-S. (S. atra). 2) *Wasser-S.* od. →Molche.

Molasse [schweizer.] *die*, tertiäre Konglomerate (Nagelfluh), Sandsteine und Mergel am Nordrand der Alpen, als untere Meeres-, untere Süßwasser-, obere Meeres- und obere Süßwassermolasse zum Oligozän und Miozän gehörig.

Molche und Salamander, *Salamandroidea*, Unterordnung der Schwanzlurche (TAFEL Lurche). Die Molche unterscheiden sich durch ihren seitlich zusammengedrückten Schwanz von den Salamandern, die einen runden Schwanz besitzen; dies rechtfertigt jedoch nicht eine systemat. Trennung in zwei Gruppen. Die **echten M. u. S.** (Fam. *Salamandridae)* kommen vor allem in Europa vor, ihre Gaumenzähne stehen in 2 Längsreihen. Die fast ausschließlich nordamerikan. **lungenlosen M. u. S.** (Fam. *Plethodontidae)* sind gekennzeichnet durch 2 quer angeordnete Gaumenzahnreihen und alleinige Haut- und Mundhöhlenatmung. – In Dtl. leben der leuchtend schwarz und gelb gemusterte **Feuersalamander** *(Salamandra sala-*

mandra) in einer gefleckten und einer gestreiften Rasse, sowie der einfarbig schwarze **Alpensalamander** *(Salamandra atra)*. Das Männchen des bis zu 18 cm langen **Kammolchs** *(Triturus cristatus)* hat während der Fortpflanzungszeit einen hohen Rückenkamm, der in schwächerer Ausbildung auch den häufigen **Teichmolch** *(Triturus vulgaris)* kennzeichnet; der rotbäuchige **Alpen-** oder **Bergmolch** *(Triturus alpestris)* und der im männl. Geschlecht mit einem endständigen Schwanzfaden ausgestattete **Fadenmolch** *(Triturus helveticus)* tragen an Stelle des Kammes eine erhöhte Längsleiste auf dem Rücken.

Amphibien (Lurche) 1) in der *Zoologie:* wechselwarme Wirbeltiere. Die meisten machen eine →Metamorphose durch: Larven (z. B. Kaulquappen der Frösche) im Wasser lebend und mit Kiemen atmend; die umgewandelten Tiere als Lungenatmer landbewohnend. Man unterscheidet: Schwanzlurche (Urodelen), Froschlurche (Anuren) u. die tropischen fußlosen Blindwühlen

Amphibien
Micropholis Stowi. Skelett von oben-gesehen. Untere Mitteltrias

od. Schleichenlurche (Gymnophionen). Fortpflanzung durch Eier, meist mit Gallertschicht versehen (z. B. Froschlaich). Größte lebende A.: der afrik. Goliathfrosch u. der über 1 m lange jap. Riesensalamander. – 2) in der *Paläontologie:* Erdgeschichtlich fehlen die Blindwühlen. Im Karbon bis zur Trias Stegozephalen, teilw. mehrere Meter lang, manche den Reptilien noch sehr nahe stehend. Im obern Jura die ältesten Froschartigen. – *Amphibiengifte,* viele A. enthalten in ihren Hautsekreten wirksame Gifte (Feuer- u. Alpensalamander, Kröten u. a.).

Ob die heutigen Feuer- bzw. Alpen-Salamander als Nachkommen oder als Vorläufer der Dino-

Saurier zu betrachten sind, geht aus dem Lexikon nicht hervor.

```
SAURIER:
GRIECHISCH: SAUROS = ECHSE
DINO-SAURIER:
GRIECHISCH: DEINOS = SCHRECKLICH
```

Seit die Schere, die gewöhnliche, kaputt ist, arbeitet Herr Geiser mit der Nagelschere, und wenn die Reißnägel aufgebraucht sind, so gibt es Klebeband, MAGIC TAPE, eine ganze Spule, und Klebeband haftet auch auf Verputz.

DAS ZEITALTER DER DINOSAURIER

Doch so grotesk und riesig die Saurier des frühen Erdmittelalters auch waren – das goldene Zeitalter der Dinosaurier sollte erst noch kommen. Im Verlauf des Jura und der Kreidezeit stiegen die warmen Meere an und überschwemmten einen Großteil von Europa und fast halb Nordamerika. Korallen bauten ihre Riffe bis 3000 Kilometer weiter nördlich von ihren heutigen Vorposten. Feigen und Brotfruchtbäume wuchsen in Grönland, Palmen in Alaska. Und die kaltblütigen Schreckenssaurier wälzten sich ebenfalls nordwärts und gediehen allenthalben aufs erstaunlichste.

In den üppig wuchernden Sümpfen und Stillwassern, zwischen mächtigen Schachtelhalmen und Farnen, hausten nun die riesigsten Pflanzenfresser aus dem Saurischier-Geschlecht: «In Stahl gehüllt, vom Stahl umwittert. / Die Schar, die Reich um Reich zerbrach, / sie treten auf, die Erde schüttert, / sie schreiten fort, es donnert nach». Es ist, als habe Goethe mit diesen Worten aus dem Faust diese Ungetüme kennzeichnen wollen. Denn unter den Schritten dieser Giganten vom zehn- bis elffachen Gewicht eines heutigen Elefanten muß die Erde in der Tat gedröhnt haben wie grollender Donner. Um ihr enormes Eigengewicht tragen zu können, hatten sie sich wieder auf die Vorderbeine niedergelassen; ihre vier Füße waren regelrechte Säulen von monolithischer Dicke und Stärke. Lange hat man sich gestritten, wie diese wandelnden Fleischberge wohl ihre klotzigen Beine gesetzt haben – abgegrätscht und geknickt, dazwischen den Bauch über den Boden schleifen lassend und nur wenig anhebend wie die Krokodile, oder nach der Art der Huftierriesen von heute, elefantenhaft die Last des Körpers auf die massigen Säulen vor allem der Hinterbeine gelagert, während die Vorderbeine vom Ellenbogengelenk ein wenig nach außen wie bei einer Bulldogge eingeknickt gehalten wurden. Alles spricht dafür, daß die zweite Deutung richtig ist. So tonnenschwer waren diese Giganten, daß sie nur halb untergetaucht im Flachwasser und in Sümpfen zu leben vermochten, wo das Wasser das Gewicht ihres Titanenleibes tragen half. Urtyp dieses Riesengeschlechts ist der *Brontosaurus*, die «Donnerechse» – rund 30 Tonnen schwer und über 20 Meter lang. Sein kleiner Kopf, nicht mehr als eine Anschwellung am Vorderende des Schlangenhalses, barg wenige schwache Zähne von Löffelform und ein kleines, armseliges Gehirn, das wohl wenig mehr zu leisten hatte als die Kiefer zu bewegen und die schwachen Eindrücke zu verarbeiten, die von den sehr begrenzten Sinnen dieses Untiers aufgenommen wurden. Die Hinterbeine des Monstrums wurden von einem übergroßen Nervenknoten gelenkt, der weit hinten an der Lendenwirbelsäule lag und um ein Mehrfaches größer war als das Spatzengehirn im Kopf –

Das Tollste erreichte jedoch die Entwicklung der Dinosaurier mit der Erschaffung des *Tyrannosaurus rex*, des gewaltigsten und schrecklichsten Fleischfressers, der je diese Erde terrorisiert hat. 15 Meter lang, fast 6 Meter hoch, ein Gigant an Größe und Stärke, bewegte sich dieses Scheusal auf mächtigen dreizehigen und mit gräßlichen Krallen bewehrten Hinterbeinen. Seine Hauptangriffswaffe war sein mörderisches Gebiß mit den 15 Zentimeter langen Säbelzähnen. Obwohl dieser wahre Tyrannensaurier nichts auf dieser Erde zu fürchten hatte, dauerte seine Herrschaft nur kurze Zeit. Er erschien erst in der späten Kreidezeit und verschwand schon wieder – und mit ihm das ganze Dinosauriergeschlecht – zu Ende dieses Zeitalters, als das große, plötzliche und rätselvolle Sterben die Saurier dahinraffte.

Zum Glück ist es die Lesebrille, die auf den Küchenboden gefallen und zerbrochen ist, zum Glück nicht die andere. Das wäre schlimmer gewesen. Alles durch die Lesebrille zu sehen, macht schwindlig. Lesen kann man zur Not auch mit der Lupe.

Plesiosaurier [Kunstw. grch.], ausgestorbene Saurier mit kleinem Schädel, langem Hals (z. B. *Elasmosaurus*), kurzem Schwanz und paddelartigen Gliedmaßen. Vollständige Skelette wurden bes. im Lias von Schwaben, Franken und England gefunden.

Ichthyosaurier [Kunstw. grch.], **Fischsaurier,** ausgestorbene Ordn. der Reptilien, die in der Trias- bis Kreidezeit, bes. aber im Jura die Meere bewohnten. Der nackthäutige Körper war fischförmig und trug eine hohe häutige Rückenflosse; in den unteren Lappen der großen Schwanzflosse setzte sich die Wirbelsäule unter Bildung eines Knickes fort. Der Kopf lief in eine lang zugespitzte Schnauze aus; die Kiefer trugen zahlreiche gleichartige, spitzkegelige Zähne; die großen Augenhöhlen umgab ein Knochenring. Die paddelförm. Gliedmaßen dienten als Steuerorgane. Die I. erreichten bis zu 15 m Länge und gebaren lebende Junge. Ihre Nahrung bestand vorwiegend aus Fischen und Tintenfischen.

Ichthyornis (etwa $^1/_6$ nat. Größe)

Wieder und wieder auf die Armbanduhr zu blicken, um sich zu überzeugen, daß die Zeit vergeht, ist Unsinn. Die Zeit ist noch nie stehengeblieben, bloß weil ein Mensch sich langweilt und am Fenster steht und nicht weiß, was er denkt. Es ist sechs Uhr gewesen, als Herr Geiser zuletzt auf seine Armbanduhr geblickt hat: — genau drei Minuten vor sechs.

Und jetzt?

— eine Minute vor sechs.

Irgendetwas gibt es immer zu tun.

So müßte man meinen.

Das Bildnis von Elsbeth, das Herr Geiser neulich von der Wand genommen und in die Diele gestellt hat, gehört nicht in die Diele. Wohin gehört es? Somit ist Herr Geiser, seit er zuletzt auf seine Armbanduhr geblickt hat, in der Diele gewesen; sonst hätte er es nicht in der Hand, das Bildnis, und jetzt steht er im Schlafzimmer.

Vermutlich ist die Armbanduhr stehengeblieben.

Das Bildnis von Elsbeth als neunzehnjährige Tochter eines Verwaltungsrates in der Chemie, gemalt von einem einheimischen Künstler, der inzwischen berühmt geworden ist, gehört auch nicht ins Schlafzimmer; es zeigt ein Gesicht, das Herr Geiser nie gekannt hat, und es schaut einen auch nicht an und gehört eher in eine Kunsthalle, wo es heutzutage einen Wert darstellt.

– das hat Herr Geiser gedacht.

Die Kunsthalle Basel ist berühmt.

Vorläufig steht es hinter dem Schrank.

Als Herr Geiser wieder zum Fenster geht, um an den langsam gleitenden Tropfen zu sehen, daß die Zeit nicht stehen bleibt – das hat es in der ganzen Erdgeschichte nie gegeben! – und als er es nicht lassen kann und nochmals auf seine Armbanduhr schaut, zeigt sie sieben Minuten nach sechs.

Irgendwo klöppelt es wieder auf Blech.

Das andere Geräusch:

Schritte im Haus, die eigenen –

Kleinholz für ein Feuer im Kamin ist noch im Korb, Herr Geiser braucht nur eine alte Zeitung zu zerknüllen und unter das Kleinholz zu stopfen, dann ein größeres Scheit und ein zweites anzulehnen, zuletzt eine schwere Astgabel mit Rinde –

Dann ist auch das getan.

Daß einer auf einen Stuhl steigt und seine Hosenträger am Deckenbalken befestigt und sich aufhängt, um seine eignen Schritte nicht mehr zu hören, kann Herr Geiser sich vorstellen.

Immerhin ist es nicht mehr sechs Uhr.

Auch dieser Abend geht vorüber.

Im Augenblick steht Herr Geiser, die Hände in den Hosentaschen, vor der Zettelwand, während es knistert im Kamin.

So eine Astgabel glimmt stundenlang –

Soviel Herr Geiser weiß, ist es fraglich, ob es auf dem Mars auch Menschen gibt oder nicht; wahrscheinlich gibt es ganze Milchstraßen ohne eine Spur von Hirn.

Nacht ohne Regen –

Trotzdem kann Herr Geiser nicht schlafen. Der Rucksack ist gepackt, auch die Taschenlampe wieder im Rucksack, ebenso die Lupe, die Herr Geiser allerdings noch einmal braucht. Um zu lesen. Herr Geiser ist nicht zu Bett gegangen, obschon es Mitternacht ist. Das Klöppeln auf Blech hat aufgehört. Wenn Herr Geiser seinen Atem anhält, so ist überhaupt nichts zu hören, nichts als der eigene Puls. Im Kamin glimmt es noch. Herr Geiser will nicht schlafen; so viel Zeit hat der Mensch nicht –

Die Erdgeschichte (im geolog. Sinne) ist die Abfolge der Erdzeitalter seit Bildung einer festen Erdrinde und erstreckt sich über 2, nach neuen Forschungen 5 Milliarden Jahre (→Chronologie). Die Dauer der Erdzeitalter ist sehr verschieden, z. B. das Paläozoikum 340 Millionen, das Mesozoikum 140 Mill. und das Känozoikum 60 Mill. Jahre. Der Inhalt der Erdgeschichte ist die Geschichte der Lithosphäre (Festländer und Meere), der vulkan. Erscheinungen, der Tier- und Pflanzenwelt. Kennzeichnend ist eine mehrfache Wiederholung des Vorgangs, daß sinkende Räume mit starker Sedimentation, die Geosynklinalen, durch Gebirgsbildung in starre Massen verwandelt werden, die dann vorwiegend Festland bleiben und der Abtragung unterliegen. Treibende Ursachen sind die endogenen und exogenen Kräfte. Das organische Leben, vor etwa 1,5 Milliarden Jahren entstanden, aber erst in Gesteinen nachweisbar, die etwa 1 Milliarde Jahre alt sind, strebt höheren Stufen, reicherer Formenentwicklung und höherer Qualität zu. Dabei spielt die Umgestaltung des Erdbildes mit; durch sie werden Pflanzen und Tiere zur Anpassung an neue Lebensverhältnisse, zur Wanderung oder zum Untergang gezwungen.

Im Morgengrauen, noch vor dem kurzen Kirchgeläute, hat Herr Geiser den gepackten Rucksack genommen, dazu Hut und Regenmantel und Schirm – der Rucksack ist nicht zu schwer, und sowie Herr Geiser in den Wald gekommen ist, hat das Herzklopfen nachgelassen; niemand im Dorf hat ihn gesehen und gefragt, wohin denn Herr Geiser wandern wolle mit seinem Rucksack und bergaufwärts und bei diesem Wetter.

Herr Geiser weiß, was er tut.

Die Paßhöhe liegt 1076 Meter über Meer und

wenigstens bis zur Paßhöhe kennt Herr Geiser den Weg aus früheren Jahren, außerdem gibt es die Karte; Herr Geiser weiß, daß man, wo der Weg sich gabelt, sich links halten muß und daß es unterwegs Ställe gibt, wo man im Fall eines schweren Gewitters unterstehen könnte, und auf der Paßhöhe wieder Ställe –

Ein Weg ist ein Weg auch im Nebel.

Wenigstens hat es nicht gedonnert.

Im Anfang ist es kein steiler Weg; der Hang ist steil, aber der Weg beinahe horizontal, teilweise mit Platten belegt, ein sicherer Weg auch bei Nebel, wenn man den Wasserfall nicht sehen kann, dessen Rauschen man hört.

Später wird der Weg steiler.

Ausschau zu halten nach einer Kapelle – wenn die Erinnerung stimmt: unterhalb des Weges rechts – hat Herr Geiser später aufgegeben; vielleicht hat man sie im Nebel nicht sehen können.

Irgendwann müßte der Wald sich lichten.

Was Herr Geiser nicht mehr weiß: ob der Weg

über zwei oder drei Brücken führt, bevor man aus dem Wald kommt. Wo man einen Bach in nächster Nähe hört, müßte eigentlich, auch wenn Herr Geiser den Bach in der Tiefe nicht sehen kann, trotz Nebel plötzlich das Geländer einer Brücke zu sehen sein, oder Herr Geiser ist schon über eine Brücke gegangen, ohne sie beachtet zu haben –

Die hohe Brücke hat Geländer.

(wenn sie nicht weg ist!)

Der Feldstecher, der vor seiner Brust baumelt, ist kein großes Gewicht, nur überflüssig; was im Nebel zu sehen ist: die nächsten Stämme, schon die Wipfel verschwinden im Nebel, Farnkraut, die nächsten paar Meter des Weges, einmal eine rote Bank, Felsen, die eine Schlucht anzeigen, und plötzlich das Geländer.

Die Röhren sind verbogen.

Nach einer Stunde, genau, hat Herr Geiser die erste Rast gemacht, ohne den Rucksack abzulegen und ohne sich zu setzen. Natürlich ist das Steigen mühsamer als in früheren Jahren, aber das Herzklopfen hat nachgelassen.

Herr Geiser hat Zeit.

Zum Teil sind es schwere Platten, die den Weg bilden, und bis alle diese Platten gefunden sind, bis sie an Ort und Stelle geschleppt und verlegt sind und zwar so, daß nicht jedes Unwetter einen solchen Weg zerstört, das muß eine Arbeit gewesen sein, nicht zu vergleichen mit der Mühe, die Herr Geiser hat Schritt um Schritt und dann wieder Stufe um Stufe; manchmal sind die Stufen etwas zu hoch, so daß man außer Atem kommt und den Mut verliert.

Lästig ist das Tragen des Schirms.

Dann und wann gabelt sich der Weg, aber es kann nicht die Gabelung sein, die auf der Karte verzeichnet ist, und Herr Geiser braucht seine Karte nicht hervorzuholen: die entscheidende Gabelung, wo Herr Geiser links gehen soll, befindet sich oberhalb der ersten Ställe, und Ställe hat Herr Geiser bisher nicht gesehen. Eine Weile lang wird man trotzdem unsicher – vielleicht hat Herr Geiser die Ställe nicht sehen können wegen Nebel – bis es sich zeigt, daß es sich bloß um eine Abkürzung gehandelt hat; beide Wege, der steilere und der andere, kommen wieder zusammen, und also hat es sich nicht

verzeichnet ist, ein breites Gewässer über Geröll, ein Gesprudel, nirgends so reißend, daß einer mit kniehohen Stiefeln nicht hätte darin stehen können, hat viel Zeit gekostet, da Herr Geiser gewöhnliche Wanderschuhe trägt. Mindestens eine halbe Stunde. Um eine Stelle zu finden, wo zuverlässige Steine, möglichst große, die nicht kippen oder rollen, wenn man den Fuß darauf stellt, ungefähr in Schrittweite auseinander liegen, ist Herr Geiser hinauf und hinunter gegangen. Überall ungefähr das gleiche Gesprudel. Schließlich hat Herr Geiser es einfach wagen müssen. Einer der Steine, denen er nach längerer Betrachtung besonders vertraut hat, ist dann doch gekippt – Herr Geiser ist nicht gestürzt, er hat nur einen Schuh voll Wasser herausgezogen, das ist um neun Uhr morgens gewesen, also noch früh am Tag.

Zur Paßhöhe hin wird es flacher –

Noch vor zehn Jahren (Herr Geiser wird vierundsiebzig) und bei Sonnenschein ist das ein Spaziergang gewesen, ein Ausflug von zweieinhalb Stunden hin und zurück.

Sein Gedächtnis bekommt recht:

eine weitläufige Paßhöhe, Weiden, Trocken-mauern im Geviert und Wald mit Lichtungen, hauptsächlich Laubbäume (aber es sind Buchen, nicht Birken) und ein paar verstreute Häuser (keine Ställe, sondern Sommerhäuser, die ver-lassen sind) und auf der offenen Weide verliert sich der Weg, das ist meistens so.

Eine Rast wäre fällig gewesen.

Die Gewißheit, daß niemand wissen kann, wo Herr Geiser sich in diesem Augenblick befindet, hat Herr Geiser genossen.

Kein Vieh –

Kein Vogel –

Kein Laut –

Bloß um einen Ausblick zu haben und vor der Rast zu wissen, was ihn auf der andern Seite erwartet – nach der Karte gibt es einen Pfad, daneben viel Schraffur, was Fels bedeutet – ist Herr Geiser weiter gegangen. Ohne Pfad. Es gibt aber keinen Ausblick ins andere Tal, nur Wald, der steiler wird, Unterholz zwischen ver-moostem Geröll, wo man wieder und wieder stolpert und schließlich nicht mehr weiß, wie man weiterkommt, ohne zu rutschen. Zum Keuchen kommt die Angst, die Hast, der Ärger über sich selbst und der Schweiß, und wo das Dickicht sich lockert, wird der Hang noch steiler; ein aufrechter Gang ist kaum noch möglich. Es wird ein Kraxeln auf allen Vieren, wobei eine Stunde mehr Kräfte kostet als drei Stunden auf einem Pfad, von Wurzelstock zu Wurzelstock, und plötzlich sind Felswände da –

Ein falscher Tritt und es ist aus.

Herr Geiser wäre nicht der erste.

Plötzlich geht es nur noch mit Glück.

Als Herr Geiser, froh, daß niemand ihn gesehen hat, wieder die offene Weide auf der Paßhöhe erreicht hat, ist es Mittag gewesen. Ein grauer Mittag. Unter einer großen Tanne, wo der Boden beinahe trocken ist, aber leider voll Ameisen, hat Herr Geiser sein verschwitztes Hemd gewechselt und gewartet, ob die Zuversicht wiederkomme, das Selbstvertrauen, das Gefühl, nicht verloren zu sein.

Hunger hat er nicht verspürt.

Vor einem Jahr ist ein jüngeres Paar, das auch den Pfad verloren hat, drei Wochen lang nicht gefunden worden, auch nicht von einem Helikopter; gefunden hat man sie erst, als es jemand aufgefallen ist, daß über einem Wald und immer an derselben Stelle viele Vögel kreisen.

Vergessen hat Herr Geiser die Thermos-Flasche.

Die roten Ameisen scheint das Wetter überhaupt nicht zu kümmern; ihre lautlose Emsigkeit in einem Hügel von Tannennadeln –

Ein Mittagsschlaf wäre fällig gewesen.

Wenn man nicht geht, kommt das Frösteln; auch die nassen Socken hat Herr Geiser gewechselt, aber es bleiben die nassen Hosenbeine wie kalte Umschläge.

Nicht vergessen hat Herr Geiser die Landkarte.

Der Pfad, der auf der andern Seite der Paßhöhe siebenhundert Meter hinunterführt, laut Karte rechts von der Schlucht, ist in jedem Fall ein steiler Pfad, und als Herr Geiser wieder aufgestanden ist, um sich den Rucksack anzuschnallen, hat er seine weichen Knie gespürt. Aber inzwischen hat der Regen aufgehört. Eine Weile lang, als er schon auf der offenen Weide geht, hat Herr Geiser nicht gewußt, was er nun beschließen würde.

AURIGENO / VALLE MAGGIA

unweit von der Stelle, wo Herr Geiser vor drei Stunden seinen Irrgang ins Dickicht angetreten hat, ist es mit weißer Farbe auf einen Fels geschrieben, ein Pfeil weist auf den Pfad, der nach rechts führt und durch Buchenwald. Ein schmaler Pfad, dann und wann steinig, dann wieder geht man auf Walderde, was für die weichen Knie angenehmer ist, und wenn man nicht auf Wurzeln tritt, die infolge der Nässe glitschig sind, ein harmloser Pfad. Im Wald sieht man das graue Gewölk nicht, das Buchenlaub ist grün, das Farnkraut grün, und die Umkehr, die Herr Geiser während seiner Rast erwogen hat, wäre dumm gewesen.

Der Plan ist durchführbar.

Alles in allem hat Herr Geiser mit fünf bis sechs Stunden gerechnet (der Schwiegersohn will genau zweieinhalb Stunden gebraucht haben) unter Berücksichtigung seines Jahrgangs.

Eine erste Runse ist harmlos.

Die zweite sieht schlimmer aus, eine steile Rinne voll Geschiebe, Wirrwarr von Felsklötzen und zersplitterten Stämmen, Rinnsale, aber kein tosender Bach, man stapft durch Kies und Schieferschlamm, die Hand an einem morschen Ast oder an einem Stein und nicht ganz ohne Herzklopfen – aber nachher kommt man wieder auf den Pfad. Die Mahnung im Wanderbuch (»Abstieg durch die Valle Lareccio: Vorsicht bei schlechtem Wetter!«) wirkt an Ort und Stelle übertrieben, auch wenn der Hang immer steiler wird. Man braucht nicht in die Schlucht zu schauen. Zickzack mit guten Stufen. Die Schraffur auf der Karte ist nicht übertrieben; auf der andern Seite der Schlucht gibt es Felswände und einen Wasserfall, der sich in Wasserstaub auflöst –

Eine dritte Runse macht keine Sorgen.

Das Haus, das Herr Geiser im Morgengrauen verlassen hat, sein Haus, das jetzt in einem andern Tal steht, gehört kaum noch zur Gegenwart, wenn Herr Geiser daran denkt, daß er vierzehn Jahre dort gelebt hat.

Meistens denkt man im Gehen gar nichts.

Wichtig ist der nächste, der übernächste Tritt, damit man nicht den Fuß verstaucht, damit die Knie nicht knicken, damit man nicht plötzlich ausrutscht. Der Schirm als Wanderstock ist keine Hilfe, oft rutscht er von den Steinen ab und ist keine Stütze, wenn der Tritt nicht sicher ist. Es bleibt ein guter Pfad, nur da und dort im Gestein sind die Stufen zu hoch, wenn einer schon weiche Knie hat.

Manchmal denkt Herr Geiser doch –

Plötzlich sind es die Waden, die streiken; ein Schmerz wie von Nadeln bei jedem Schritt. Zwar ist das Maggia-Tal schon zu sehen, seine grüne Ebene, aber die Häuser darin erscheinen noch klein wie Spielsachen, und es ist besser, Herr Geiser blickt nur auf den Pfad.

Einmal geht es wieder aufwärts –

Eine Kapelle mit Vordach und sogar mit einer Bank unter dem Vordach, wo Herr Geiser sich hat setzen müssen, um den Krampf in den Waden loszuwerden, ist auf der Karte verzeichnet, was immer beruhigend ist: man weiß, wo auf der Karte man sich im Augenblick befindet; in einer knappen Stunde ist Herr Geiser mehr als vierhundert Meter abgestiegen, und jetzt ist es nicht mehr weit:

Höhenunterschied noch 313 Meter.

Die Ameisen im Rucksack haben ihn nicht gestört; hier hat Herr Geiser sich einen Cognac erlaubt, dann einen Blick in die Schlucht, wo voraussichtlich noch nie ein Mensch gewesen ist, und einen Blick hinauf: Grate und Schneisen, Hänge so steil, daß man sich wundert, wie man da herunter gekommen ist. Es ist ein irres Tal.

Es ist ungefähr zwei Uhr gewesen.

Worüber soll man sich Gedanken machen?

– EB : AE = AE : AB

– daß es Gott gibt, wenn es einmal keine Menschen mehr gibt, die sich eine Schöpfung ohne Schöpfer nicht denken können, ist durch die

Bibel und das Muttergottes-Fresko nicht bewiesen; die Bibel ist von Menschen verfaßt.

– die Alpen sind durch Faltung entstanden.

– die Ameisen leben in einem Staat.

– das Gewölbe haben die Römer erfunden.

– wenn das Eis der Arktis schmilzt, so ist New York unter Wasser, desgleichen Europa, ausgenommen die Alpen.

– viele Kastanien haben den Krebs.

– Katastrophen kennt allein der Mensch, sofern er sie überlebt; die Natur kennt keine Katastrophen.

– der Mensch erscheint im Holozän.

Es ist ungefähr vier Uhr gewesen, als Herr Geiser erwacht ist. Von einem Gewitter hat er nur noch die letzten ausrollenden Donner gehört, offenbar hat es kurz geregnet. Wolken um die schroffen Berge, aber lose Wolken, Licht in den Wolken, beinahe Sonne. Es fehlt wenig, daß sich ein blauer Himmel zeigt da oder dort. Es tropft noch aus dem Laub, das glitzert, und es zwitschert aus dem glitzernden Laub.

Der Krampf in den Waden hat nachgelassen.

Die Kirche von Aurigeno (wo es einen Post-Bus nach Locarno gibt) ist noch nicht zu sehen, immerhin hat Herr Geiser ihren Stundenschlag gehört und deutlich: ein harter und heiserer Glockenton fast ohne Hall.

Die Ameisen sind verschwunden.

Nachdem er den Cognac ausgetrunken hat (ein kleiner Flachmann) und den Feldstecher in den Rucksack gesteckt und langsam den Rucksack wieder verschnürt hat, ist Herr Geiser noch eine Weile lang sitzen geblieben, ohne sich zu sagen, was er denkt, was in seinem Kopf beschlossen wird. Dann ist Herr Geiser aufgestanden, hat sich den Rucksack wieder angeschnallt und nachgesehen, ob da nicht ein Ovomaltine-Papier auf dem Boden liegt oder auf der Bank vor der Kapelle, die übrigens keine Kapelle ist. Es ist nur ein Muttergottes-Fresko mit Vordach.

Fast hätte Herr Geiser den Schirm vergessen.

Der Anstieg ist mühsam, wie nicht anders erwartet, und Herr Geiser weiß: zur Paßhöhe geht
es vierhundert Meter hinauf. Die Gewißheit,
daß die drei Runsen nicht unüberwindlich sind,
daß es alles in allem ein ordentlicher Pfad ist und
gefahrlos, solange man Tageslicht hat, und daß
der Zickzack, der bevorsteht, nicht endlos sein
wird, hat Herrn Geiser ermutigt, auch wenn ein
Pfad, den man vom Abstieg kennt, im Anstieg
oft nicht wiederzuerkennen ist. Es sind jetzt
nicht die Waden, die streiken, sondern die Ober-
schenkel. Wann kommt Herr Geiser zu der
zweiten Runse, der großen? Es gibt Strecken, an
die Herr Geiser sich nicht erinnern kann; trotzdem sind sie einfach da und ziemlich steil, so daß
Herr Geiser ab und zu, um eine hohe Stufe zu
überwinden, seinen Oberschenkeln helfen muß,
indem er die Hand, die rechte, auf das Knie
stützt; die linke Hand hält den Schirm als Wanderstock. Immer öfter hat Herr Geiser sich auf
die nächste Böschung setzen müssen, um zu
verschnaufen, beide Hände auf den Griff seines
Schirmes gelegt, das Kinn auf die Hände ge-
stützt.

Was soll Herr Geiser in Basel?

Als er wieder die Paßhöhe erreicht hat, ist es

etwa sieben Uhr abends gewesen und dämmerig; auf der Paßhöhe hat es wieder geregnet.

Es ist ein langer Tag geworden.

Wieder die offene Weide, wo der Pfad sich verliert, wo Herr Geiser es am Vormittag genossen hat, daß niemand weiß, wo Herr Geiser sich in diesem Augenblick befindet –

Auch jetzt weiß es niemand.

– und wieder das breite Gewässer ohne Brücke:

das Gesprudel über Geröll ist nicht reißender geworden, nur ist es dunkel geworden, und im Regen leuchtet eine Taschenlampe, auch die beste, nicht weit. Was sie hauptsächlich zeigt, das sind Glitzerfäden. Wo er dem nächsten Stein in Schrittweite nicht getraut hat, ist Herr Geiser jedesmal umgekehrt. Da und dort hätte vielleicht ein kräftiger Sprung genügt, aber einen solchen Sprung hat Herr Geiser seinen Beinen nicht mehr zugetraut. Wenn niemand von dieser Wanderung erfahren soll, so muß jeder Unfall vermieden werden, und wäre es auch bloß ein Armbruch. Einmal hat er es weiter oben versucht, dann weiter unten. Herr Geiser hat sich

Zeit genommen – es ist niemand zuhause, der wartet und die Stunden zählt – und sich jede Hast verboten. Überall dasselbe Gesprudel. Wie schon am Vormittag; nur daß man bei Tageslicht eher hat erraten können, wo das Wasser tief oder untief ist. Der Gedanke daran, daß man jetzt in der Bahn sitzen würde oder in einem Gasthaus, hätte Herr Geiser bei der Muttergottes mit Vordach nicht die Umkehr gewählt, ist auch keine Hilfe, wenn Herr Geiser mitten im Gewässer auf einem Stein steht, umgeben von dem Gesprudel im Schein seiner Taschenlampe, und sogar die Umkehr heikel ist; ein Stein, den er zuletzt betreten hat, scheint sich verschoben zu haben und ist jetzt von Wasser überspült. Was jetzt? Schließlich ist es ihm verleidet; Herr Geiser hat seinen Schirm zugemacht, man braucht zwei bewegliche Arme, um das Gleichgewicht zu wahren. Plötzlich reicht das kalte Wasser bis zum Knie. Schon das Stehen in dem fließenden Wasser ist schwierig geworden, nachdem Herr Geiser den stochernden Schirm verloren hat – aber Herr Geiser ist durchgekommen, ohne die Taschenlampe zu verlieren, und die Taschenlampe ist jetzt wichtiger als ein Schirm.

Ein Weg ist ein Weg auch in der Nacht.

Solange man geht, ist Erschöpfung fast ein Wohlgefühl in den Adern, und Herr Geiser hat gewußt, daß er sich nicht mehr setzen darf; nachher kommt man nicht mehr auf die Beine.

Boden gibt es auch in der Nacht.

Meistens hat es genügt, was im Schein der Taschenlampe zu erkennen ist: Platten, die Weg bedeuten, die nächste Stufe, dann Walderde mit Wurzeln, Stämme links und rechts, aber links oder rechts geht es in die Tiefe, dann wieder Platten zwischen Farnkraut, Geröll mit Disteln, einmal ein toter Wurzelstock und dahinter nichts als die glitzernden Fäden von Regen – Nacht ohne Boden, so daß man nicht weiter geht, sondern zurück, und schon ist der Weg wieder da und die Spitzkehre, die Herr Geiser übersehen hat, deutlich zu erkennen. Manchmal hat Herr Geiser gemeint, jetzt wisse er ungefähr, wo er sich befinde, und jetzt müsse er auf die Weide mit den Ställen kommen. Stattdessen wieder Wald. Vielleicht hat Herr Geiser die erwarteten Ställe nicht gesehen, weil sie nicht in der Reichweite seiner Taschenlampe stehen. Auch wenn es in Strömen regnet, schließlich spürt man es nicht mehr. In den letzten zwei Stunden ist Herr Geiser bloß noch gegangen, ohne wissen zu wollen, wo er sich befindet. Dann und wann ein Knicken der Knie, aber gestürzt ist Herr Geiser nur noch ein Mal. Walderde mit Tannennadeln an den Händen, nichts weiter. Der Weg führt hinunter, das ist die Hauptsache. Die Ställe, die Herr Geiser seit einer Stunde erwartet hat, plötzlich sind sie da. Hier hätte Herr Geiser unterstehen können; aber wozu, wenn man in nassen Kleidern schlottert. Finsterer als bisher kann es nicht werden. Was folgt, hat Herr Geiser gewußt: Zickzack durch Wald, wo man keine Spitzkehre verpassen darf, und später einmal die Brücke mit dem Geländer aus verbogenen Röhren, danach wird der Weg flacher, ein ordentlicher Weg, der nicht zu verfehlen ist, solange die Batterie der Taschenlampe reicht –

Von seinem Ausflug wird niemand erfahren.

Wenn es nötig geworden ist, eine Weile lang stehen zu bleiben und zu warten, bis das Herzklopfen einigermaßen nachläßt, hat Herr Geiser jedesmal die Taschenlampe ausgeknipst, um die Batterie zu sparen.

Was soll Herr Geiser in Basel!

Das Dorf hat geschlafen, es ist nach Mitternacht gewesen, als Herr Geiser, von niemandem gesehen, zuhause angekommen ist.

Über den **Passo della Garina** (1076 m) stieß zur Eiszeit ein Arm des Maggiagletschers nach Süden vor, wobei der Gipfel des Salmone nur knapp über die mächtige Eisdecke ragte.

Die Suppe zum Aufwärmen, die Minestrone, die Herr Geiser schon vor Tagen in den Garten geschüttet hat, ist wieder da, ein ganzer Topf voll, daneben ein Sonderdruck aus einer wissenschaftlichen Zeitschrift mit einem Bleistiftgruß vom deutschen Professor; offenbar ist im Lauf des Tages, als Herr Geiser geschlafen hat, jemand da gewesen, sicher nicht ohne an der Haustüre geklingelt zu haben.

Was macht man gegen Muskelkater?

Ob es heute noch immer regnet oder schon wieder, ob schräg oder senkrecht, ob im Augenblick das Dorf zu sehen wäre und das ganze Tal oder wieder nur die nächste Tanne im Nebel, die langsam gleitenden Tropfen an den Drähten, das Efeu, das glänzt und tropft, will Herr Geiser nicht wissen.

Die Schürfung an der Hand ist harmlos.

Der Feuer-Salamander im Bad –

Schon einmal hat Herr Geiser die Schaufel holen wollen, um das schleimige Ungetüm ins Gelände zu werfen, und hat es unterwegs vergessen.

Das Treppengeländer ohne Handlauf –

Wer immer es gewesen ist, der die Suppe ins Haus gebracht hat, der Sonnenforscher persönlich oder dessen Gattin oder deren Tochter, jemand hat die Zettel an den Wänden gesehen; das ist ärgerlicher als der Muskelkater (vor allem in den Oberschenkeln) und dringlicher als die Schaufel für den Feuer-Salamander ist wieder etwas anderes: daß Herr Geiser die Haustüre abschließt.

Herr Geiser wird das Tal nicht verlassen.

(Möglich wäre es gewesen!)

Der Aufsatz des Sonnenforschers, als Vortrag gehalten an einem Internationalen Kongreß, ist auch für einen Laien, wenn er den Fremdwörter-Duden benützt, einigermaßen verständlich, bis die mathematischen Formeln kommen. Die ersten hat Herr Geiser übersprungen. Leider kommen mehr solche Formeln, auch chemische, so daß Herr Geiser es aufgeben muß.

(Was man alles nicht gelernt hat!)

Die Kochplatte wird warm –

Begrüßung von zwei Staatsmännern auf irgendeinem Flughafen, das alles gibt es noch, und wenn man später nochmals hinschaut: Werbe-Spot für allerlei, was man keinesfalls braucht.

Die Haustüre ist abgeschlossen.

Die Kochplatte glüht.

Wenn in diesem Tal einmal ein Haus brennt, so kommt eine Feuerwehr aus den nächsten Dörfern, lauter betagte Männer; bis sie die Schläuche an Ort und Stelle gebracht und zusammengeschraubt haben, brennt das Gebälk unter den schweren Granit-Platten des Daches, die kurzdarauf, wenn das Gebälk zusammenkracht, mit ihrem Gewicht die Zimmerdecke durchschlagen und den Zimmerboden auch und dann als Trümmerhaufen im Keller liegen.

Die Kochplatte ist ausgeschaltet.

Im Augenblick steht Herr Geiser vor der Zettelwand.

> 18 Und Gott der Herr sprach: Es ist
> nicht gut, dass der Mensch allein sei.
> Ich will ihm eine Hilfe schaffen, die
> zu ihm passt. 19 Da bildete Gott der
> Herr aus Erde alle Tiere des Feldes
> und alle Vögel des Himmels und
> brachte sie zum Menschen, um zu
> sehen, wie er sie nennen würde; und
> ganz wie der Mensch sie nennen würde,
> so sollten sie heissen. 20 Und der Mensch
> gab allem Vieh und allen Vögeln des
> Himmels und allen Tieren des Feldes
> Namen; aber für den Menschen fand
> er keine Hilfe, die zu ihm passte.

```
PLESIO - SAURIER
DIPLODOCUS
DIMETRODON
DINOCERAS
LABYRINTHODONTE
TYRANNO - SAURIER
THAMPHORHYNQUE
MAMMUT
CERATODUS
ICHTHYO - SAURIER
TRICERATOPS
BALACHITHERIUM
ARCHEOPTERYX
STEGO - SAURIER
RHINOCEROS
PALEOMASTODONTE
```

DIPLOCAULUS
SYNDIOCERAS
EURYPTERIDES
MACHAIRODUS
ENDOTHIODON
HESPERORNIS
PTERODACTYLE
GLYPTODON
ECHIPPUS
MASTODON-SAURUS
PTERICHTHYS

ETC.

Die *Lebensvorgänge* im menschl. und tier. Organismus werden durch G. insofern beeinflußt, als die Labilisierung der Wetterlage (→Wetter) eine erhöhte Erregbarkeit des vegetativen Nervensystems bewirkt. Man findet beim Menschen Störungen der Durchblutungsgröße in den Kapillaren der Haut, abhängig davon vorübergehende Verschlechterungen mancher Hautkrankheiten (Ekzeme, ,Gewitter-Pruritus'), auch Embolien können sich an Tagen mit G. häufen. Ob Anfälle von Glaukom, Epilepsie und Eklampsie, wie gelegentl. berichtet wurde, gesetzmäßig bei G. vermehrt auftreten, ist nicht sicher erwiesen. – Im allgemeinen scheint bei Mensch und Tier der *seelische* Eindruck des G. (Erweckung von Angst oder einer interessanten Spannung) den physischen Einfluß auf den Organismus (Verursachung oder Verschlechterung einer Krankheit) wesentlich zu überwiegen.

Das Verfahren mit der Nagelschere hat nicht bloß den Vorteil, daß Herr Geiser schneller vorankommt; das Klebeband haftet auch auf Verputz, so daß jetzt alle Wände zur Verfügung stehen; ferner bietet das neue Verfahren – allerdings gehen dabei die Bücher kaputt – den Vorteil, daß Herr Geiser auch Illustrationen an die Wände kleben kann.

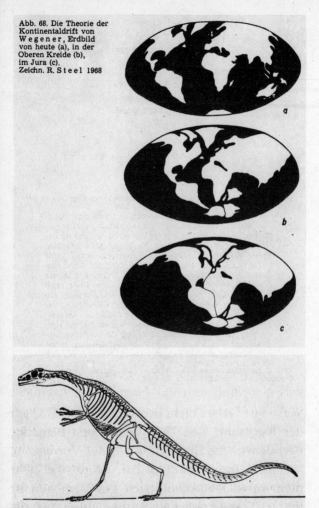

Abb. 68. Die Theorie der
Kontinentaldrift von
W e g e n e r , Erdbild
von heute (a), in der
Oberen Kreide (b),
im Jura (c).
Zeichn. R. S t e e l 1968

a

b

c

Abb. 11. *Compsognathus*, ein Cölurosaurier, Solnhofener Schiefer,
Jachenhausen (Ostbayern), etwa katzengroß. Nach F. v. H u e n e

Abb. 54. *Kentrosaurus aethiopicus,* ein Stegosauride aus dem Oberen Jura Ostafrikas, Länge ca. 5 m. Zeichn. R. S t e e l 1960

Abb. 23. *Megalosaurus bucklandi* M e y e r , Dogger (Mittlerer Jura), England, Länge ca. 7,3 m. Nach H u e n e 1956

Was Herr Geiser nicht bedacht hat: der Text auf der Rückseite, den Herr Geiser erst bemerkt, nachdem er die Illustration auf der Vorderseite sorgsam ausgeschnitten hat, wäre vielleicht nicht minder aufschlußreich gewesen; nun ist dieser Text zerstückelt, unbrauchbar für die Zettelwand.

116

Abb. 26. *Tyrannosaurus rex*, einer der größten Carnosaurier,
Länge ca. 15 m. Originalzeichn. R. S t e e l 1968

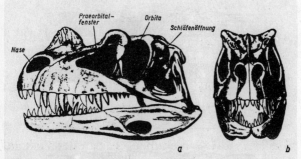

Abb. 24. *Ceratosaurus nasicornis* M a r s h , Schädel, Länge 63 cm, Oberer
Jura, Colorado. Nach O. C. M a r s h

Manchmal fragt sich Herr Geiser, was er denn
eigentlich wissen will, was er sich vom Wissen
überhaupt verspricht.

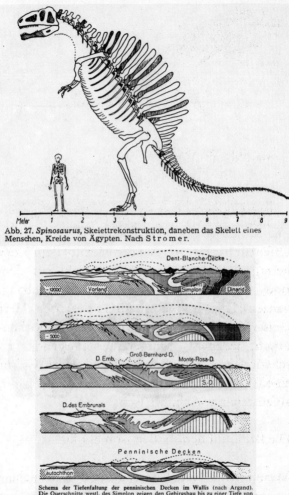

Abb. 27. *Spinosaurus*, Skelettrekonstruktion, daneben das Skelett eines Menschen, Kreide von Ägypten. Nach S t r o m e r.

Schema der Tiefenfaltung der penninischen Decken im Wallis (nach Argand). Die Querschnitte westl. des Simplon zeigen den Gebirgsbau bis zu einer Tiefe von 12 km, dessen Verzweigung am besten in der Monte-Rosa-Decke zu erkennen ist. Die oberste Decke (Dent-Blanche-Decke, der auch das Matterhorn angehört) bildet das Bindeglied zwischen den West-Alpen (Wallis), Graubünden (Margira-Decke) und den Ost-Alpen (Großglockner)

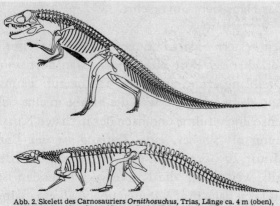

Abb. 2. Skelett des Carnosauriers *Ornithosuchus*, Trias, Länge ca. 4 m (oben), und eines Pseudosuchiers *(Stagonolepis)*, Trias, als Vertreter der Ahnengruppe der Dinosaurier. Nach W a l k e r. Nach K r e b s (1969) ist *Ornithosuchus* nach seinem Fußbau ein Pseudosuchier

Offenbar hat Herr Geiser den Hut auf dem Kopf getragen. Sonst läge der Hut nicht auf dem Boden neben ihm. Es ist Tag. Wieso Licht im ganzen Haus? Im Kamin glimmt es noch. Herr Geiser kann sich aufsetzen. Kein Knochenbruch; jedenfalls schmerzt es nirgends. Es schwindelt ihn bloß, weswegen Herr Geiser eine Weile warten muß, bevor er es wagen kann, aufzustehen wie ein Mensch.

Die Brille auf dem Boden ist nicht kaputt.

Vermutlich – Herr Geiser erinnert sich nicht – ist er über die Treppe hinuntergestürzt, weil am Geländer der gewohnte Handlauf fehlt.

Das Haus steht unversehrt.

Seit gestern – daran erinnert sich Herr Geiser – verkehrt der Post-Bus wieder. Man hört seine Dreiklang-Hupe aus dem Tal herauf: einmal laut, dann schwach, weil die Straße in eine Seitenschlucht führt, und nach der nächsten Kurve lauter als vorher, eine Zeitlang ist der Bus-Motor zu hören, dann ist es plötzlich wieder still, weil er um die Kurve verschwunden ist, und erst nach fünf Minuten nochmals ein matter Dreiklang aus der Ferne –

Das kann Herr Geiser hören.

Ein Spiegel, der zeigen könnte, ob da eine Schramme im Gesicht ist, wäre im Bad. Das eilt aber nicht. Das Taschentuch, das Herr Geiser sich auf das Gesicht gepreßt hat, zeigt kein Blut, nicht einen Tropfen von Blut.

Die Haustüre ist abgeschlossen.

Eigentlich befindet Herr Geiser sich nicht am Ende der Treppe, sondern auf dem Boden neben dem Tisch; ein Stuhl ist umgefallen –

Keine Schramme im Gesicht vor dem Spiegel.

Der Feuer-Salamander ist noch im Bad.

Es ist das Augenlid links. Kein Schmerz. Wenn man das Augenlid mit dem Finger berührt, so fühlt das Augenlid überhaupt nichts. Später hat es an der Haustüre geklingelt. Der Strom ist ja wieder da, und Herr Geiser ist nicht taub. Wieder und wieder hat es geklingelt.

Herr Geiser will keinen Besuch.

Was es in der Küche noch gibt: Mandeln, ein Glas voll Senfgurken, Honig, Zwiebeln, Oliven in einer Dose, Tomaten in einer Dose, Mehl, Grieß, Haferflocken jede Menge; Herr Geiser braucht nicht aus dem Haus zu gehen.

Trotzdem trägt er den Hut.

Das kommt vor, daß ein großes Holz (Kastanie) am andern Morgen noch glimmt. Sieben oder acht Stunden können vergangen sein, seit Herr Geiser gestürzt ist –

Vielleicht ist der Stuhl gerutscht.

Auf dem Tisch liegen die zwölf Bände des Lexikons sowie Lupe und Nagelschere und etliche

Zettel, lauter Gedrucktes, was Herr Geiser schon ausgeschnitten hat, aber noch nicht an die Wand geklebt.

Es ist noch viel zu tun –

Vielleicht ist es die Tochter, die anruft, wahrscheinlich hat sie es schon vor Tagen versucht, als die Leitung unterbrochen gewesen ist, und jetzt versucht sie es immer wieder.

Es klingelt den ganzen Vormittag.

Was gäbe es schon zu berichten:

– Geröll im Salat, aber der Post-Bus verkehrt wieder, alle Sonnenblumen geknickt, viele Nüsse liegen im Gras, Herbstzeitlosen schon im August . . .

Herr Geiser sucht das Klebeband.

– Verwüstungen hinten im Tal . . .

Das Klebeband ist gefunden.

Als Herr Geiser vor der Zettelwand steht, erinnert er sich nicht, wie er darauf gekommen ist,

Abbildungen von Sauriern und Lurchen auszu-
schneiden und an die Wand zu kleben –

Saurier hat es im Tessin nie gegeben.

Gegen Mittag hat das Klingeln aufgehört.

Wahrscheinlich ist der Sonnenforscher abgereist, da die Straße nicht mehr gesperrt ist, und
es ist der Sonnenforscher gewesen, der morgens
an der Haustüre geklingelt hat, um sich zu ver-
abschieden für dieses Jahr.

– es sind Hänge herunter gekommen . . .

Bedenklich wäre ein Riß im Verputz, ein haar-
feiner Riß, den es gestern noch nicht gegeben
hat, oder ein Riß in den Platten des Küchenbo-
dens; das könnte bedeuten, daß zwar nicht der
ganze Hang herunter kommt, daß aber das Haus
langsam dem Druck des Hangwassers nicht
mehr standhält.

(so ist einmal eine Kirche eingestürzt).

Es ist aber nur ein Bindfaden, was Herr Geiser
auf dem Küchenboden gesehen hat, kein Riß.
Wenn er irgendein Gewicht an den Bindfaden

hängt, eine leere Flasche zum Beispiel, und den Bindfaden, lotrecht in jedem Fall, vor die Wand hält, so erkennt Herr Geiser, daß die Wände und das ganze Haus im Lot stehen.

Das Augenlid, links, bleibt gelähmt.

Sonst ist nichts geschehen.

Wenn Herr Geiser wieder in den Spiegel schaut, um sein Gesicht zu sehen, so weiß er: die Tochter in Basel heißt Corinne und die Firma in Basel, die der Schwiegersohn leitet und die seither ihren Umsatz verdreifacht hat, trägt seinen Namen, auch wenn Herr Geiser aussieht wie ein Lurch.

Der Feuer-Salamander ist nicht mehr im Bad.

Herr Geiser hat ihn ins Kamin geworfen.

Glut ohne Flamme, das lautlose Glimmen unter der Asche, und wenn man ein trockenes Holz dazu legt, zuerst das bläuliche Züngeln, dann die Flamme, zuerst knistert es laut, später glüht es eine lange Zeit lautlos; wenn ein großes Holz, zum Teil verkohlt, plötzlich in glimmende Brocken auseinanderfällt, das vertraute Geräusch –

Herr Geiser ist nicht taub.

Herr Geiser weiß sein Geburtsjahr und die Vornamen seiner Eltern, auch den Mädchennamen seiner Mutter und wie die Straße in Basel heißt, wo er geboren worden ist, die Hausnummer –

(was ein Lurch alles nicht weiß).

Herr Geiser ist kein Lurch.

Auch in Basel habe es viel geregnet, zwei Tage lang sei die Gotthard-Bahnstrecke unterbrochen gewesen, in Ober-Italien habe es Überschwemmungen und mehrere Todesopfer gegeben.

Es bleibt der Druck über der linken Schläfe.

Herr Geiser kann sich nicht erinnern, was er mit Corinne geredet hat, sie weiß alles aus der Zeitung; keine Ahnung, was er, Herr Geiser, berichtet hat.

Einmal ein streunender Hund im Gelände –

Seit gestern, als er die Katze im Kamin gebraten und dann nicht hat verspeisen können, mag

Herr Geiser nicht einmal die Suppe essen, weil Speck darin ist.

Davon hat Herr Geiser nicht berichtet.

Es ist ein Köter, der nicht zum Dorf gehört, auch nicht der Hund von den Holländern, die vermutlich abgereist sind; er sucht Duftmarken im Gelände und findet nichts.

Kitty ist bei den Rosen begraben.

Es regnet nicht.

Die Suppe zum Aufwärmen, die Minestrone, die er nicht sehen und nicht riechen kann, hat Herr Geiser in die Brennesseln geschüttet.

Der streunende Hund ist weg.

Später sind drei Männer gekommen: Francesco, der Sekretär der Gemeinde, und der alte Ettore, Maurer im Taglohn, der lebenslänglich an Stützmauern gearbeitet hat und nicht glaubt, daß je der ganze Berg ins Rutschen kommt, und noch einer; sie haben geklingelt und geklingelt, als sei man taub, und gerufen, dann mit Fäusten an die Haustüre geklopft, schließlich sind sie

ums Haus gegangen und haben mit Taschenlampen in die unteren Zimmer geleuchtet; erst
als Herr Geiser eine Tasse nach ihnen geworfen
hat, sind sie verschwunden.

Das ist aber nicht heute gewesen.

Es ist Nacht gewesen, sonst hätten sie nicht mit
Taschenlampen herum geleuchtet, und heute
scheint die Sonne.

Sofort zwitschern wieder die Vögel.

Herr Geiser hat die Fensterläden geschlossen, es
gehört sich nicht, daß fremde Leute in die Zimmer gaffen, nur weil man die Haustüre nicht
öffnet.

Herr Geiser weiß, wie er aussieht.

(ein Lurch weiß nicht einmal das)

Zum Beispiel weiß Herr Geiser:

– beim Einstieg in den Grat, zwei Uhr morgens,
braucht man keine Laterne, so hell ist die Nacht
über den Gletschern, auch wenn kein Mond
scheint; der Fels ist knochenbleich, nicht grau

127

oder schwarz, sondern knochenbleich, und da es keine Schatten gibt, sogar aus der Nähe sozusagen unwirklich, aber vorhanden, beim Anfassen kalt wie Eis und klingelhart; kein guter Fels, da und dort bröckelt es, wenn die Hand nach Griffen sucht, dann schlittern Scherben in die Tiefe. Sonst kein Ton, den man nicht selber verursacht hat; ab und zu das spitze Klingeln, wenn der Eispickel gegen Fels baumelt; sonst Stille wie auf dem Mond. Die Zacken und Türme, wenn man hinaufschaut, sind irr in der Nacht; später dann, in der ersten Sonne und vor dem blauen Morgenhimmel, erscheinen sie gelb wie Bernstein, während das Tal von Zermatt noch im Schatten liegt –

Das ist vor fünfzig Jahren gewesen.

Seine Matterhorn-Geschichte kennt man, Herr Geiser hat sie oft genug erzählt, sogar die Enkelkinder mögen sie nicht mehr hören.

Wie heißen die drei Enkelkinder?

Zwei Stunden draußen in der Wand, wo sie nicht von der Stelle kommen, links und rechts der steile Firn, dazwischen Platten aus glattem Schiefer mit Rinnsalen von Schmelzwasser, beide ohne jede Sicherung zwei Stunden lang –

Das alles ist lange her.

Wie der gelbe Sandsturm vor Bagdad.

Der Strom ist wieder da, es klöppelt nicht auf Blech, es plätschert nicht einmal, es donnert nicht, es gurgelt nicht ums Haus –

Klaus ist in Bagdad begraben.

Man rechnet acht Stunden zum Gipfel, und obschon sie nie gleichzeitig kletterten, nie ohne schulmäßige Sicherung mit gestrafftem Seil, kamen sie zügig voran, Seillänge um Seillänge. Bis zur Solvay-Hütte (4003 Meter über Meer) hatten sie zwei andere Seilschaften überholt, davon eine mit Bergführer. Erst danach lag etwas Neuschnee im Fels, pulvrig, leicht wegzuwischen mit der Hand, und wo es stellenweise über Firn ging, hatte Klaus, der Bruder, gute Tritte gestapft oder mit dem Pickel ausgehauen. Man kennt die Gestalt des Matterhorns von zahllosen Bildern; aus der Nähe, wenn man am Fels steht und sich eine Rast gönnt, das Seil um einen zuverlässigen Block geschlauft, und wenn man Ausschau hält, so ist von dieser Gestalt nichts zu sehen; nur Zacken und steile Platten und Kolosse von Gestein, zum Teil nicht senkrecht, sondern überhängend, man wundert sich, daß sie nicht längst abgebrochen und in die Tiefe gestürzt sind. In Augenblicken der Bangnis, die sie einander nicht eingestanden, half Schweigen, eine nüchterne Gelassenheit, während der andere nach Griffen suchte oder nach einer Ritze im Gestein, wo der Schuh einen sozusagen sicheren Stand findet. Das Wetter blieb tadellos, nur um den Gipfel hing leichtes Gewölk. Manchmal war es auch wieder kinderleicht; man braucht ja nicht in die Wand hinaus zu schauen und nicht hinunter. Klaus trug den Rucksack. Kurz nach zehn Uhr, plötzlich, standen sie bei dem eisernen Gipfelkreuz, stolz und ein wenig enttäuscht. Das also ist alles: man ißt einen kalten Apfel auf dem Matterhorn, während auch schon eine nächste Seilschaft kommt, eine, die sie nicht überholt hatten; zwei Männer und eine junge Japanerin. Viel war vom Gipfel aus nicht zu sehen. Dann und wann ein Wolkenloch: Blick auf öde Moränen oder auf die schmutzige Zunge eines Gletschers, anderswo eine grüne Alpwiese in der Sonne, Bäche als weißes Geäder, und einmal sahen sie den kleinen Schwarzsee, wo ihr grünes Zelt stand, das sie aber nicht erkennen konnten, ein kleiner Tintensee mit

Sonnengeglitzer, daneben etwas wie weiße Maden, vermutlich Kühe –

Die Namen der Enkelkinder:

SONJA

(Familienname: Krättli)

HANSJÖRG

– aber wie heißt die Kleine?

Hingegen erinnert sich Herr Geiser:

Der Bergführer, den sie überholt hatten, erwiderte ihren Gipfelgruß nicht, sondern bediente seine deutschen Kunden mit heißem Tee, und erst nach einer langen Weile – inzwischen wurde der Wind so straff, daß fast alle, ob sie gerade Tee tranken oder nicht, in derselben Richtung standen mit flatterndem Haar von hinten nach vorne oder aber, wenn sie eine Wollmütze trugen, mit Hosen und Jacken, die von hinten nach vorne flatterten – erst nach einer Weile, als Klaus irgendeine Auskunft wünschte, machte der Bergführer sie aufmerksam, daß sie, beim Überholen, Steine ins Kollern gebracht hätten und zwar mehrmals – Das Wetter war nicht bedrohlich, laut Bergführer. Zeitweise gab es Himmelsbläue zwischen jagendem Nebel. Beim Abstieg, anfangs, war ihnen bang zumute, da man beim Abstieg stets hinunterschauen muß, oft nur die allernächsten Felsen sieht, die da ins Leere hinausstehen; darunter Raum für Vögel. Es ist – das wußten sie nun – ein langer Grat. Klaus jetzt als Hintermann: er sicherte mit dem Seil, indem er es um eine Felszacke legte, und so konnte dem Vordermann nicht viel widerfahren, auch wenn er einmal rutschte. Schwieriger war es für Klaus. Da er sich als Hintermann nicht immer selber sichern konnte, ging es nicht immer Seillänge um Seillänge. Der Abstieg erfolgte langsamer als der Aufstieg. Nicht überall kann man auf dem Grat bleiben; einmal ist ein Felsturm (»Gendarm«) zu umgehen, ein andermal führt eine steile Rinne (»Couloir«) in die Wand links oder rechts, so daß man erst weiter unten wieder auf den Grat gelangt. Es war die Ost-Wand: plötzlich standen sie ohne jede Sicherung, schätzungsweise siebenhundert Meter über dem Bergschrund. Wie sie auf diese Planke geraten sind, keine Ahnung; neben ihnen der steile Firn, dazwischen Platten aus glattem Schiefer mit Rinnsalen von Schmelzwasser. Es war Mittag. Eine Umkehr erwies sich als unmöglich. Einmal hörten sie eine Seilschaft auf dem nahen Grat, ohne sie sehen zu können, Stimmen und den klingelnden Ton, wenn Pickel an Fels stoßen. Sie riefen nicht um Hilfe. Eine Stunde verging, und es kam Schatten in die Wand, während der Grat, dessen Vorsprünge sie weiter unten sahen, in der Sonne war. Später, als sie riefen, beide Hände als Trichter vor dem Mund, war niemand mehr auf dem Grat, jedenfalls nicht in dieser Höhe. Sie hatten keine Steigeisen, keine Mauerhaken, die ein Abseilen ermöglicht hätten; weiter unten wäre ein schmales Firnband gewesen, das zum Grat führt. Beide hatten einen ziemlich guten Stand, aber kaum Griffe für die Hand. Man hat das Gefühl, die Wand drücke einen hinaus. Wenigstens gab es, wenn sie sich nicht rührten, keinen Steinschlag. Hier in die Wand auszuweichen, weil der Grat eine langwierige Kletterei fordert, ist ein Irrtum gewesen; alle andern Seilschaften sind auf dem Grat geblieben. Was sie jetzt machten, als sie sich allein wußten, war eine Idiotie: um auf das Firnband hinunter zu gelangen, mußte Klaus sich mit winzigen Ritzen im Fels begnügen, wobei das Seil, das der Bruder über seine Schulter laufen ließ, ihn nie und nimmer hätte halten können; sie wären beide abgefahren. Das wußten sie. Es handelte sich nur um zehn oder zwölf

Meter, aber das dauerte endlos. Ob es dann auf dem Firnband weitergeht, das war die Frage. Da es zwei Mal nur gereicht hatte, indem Klaus, beide Hände in einer Ritze, seinen ganzen Körper ausstreckte, um mit den Füßen gerade noch einen Stand zu finden, war Umkehr nicht möglich; so kommt einer nicht wieder hoch. Das Firnband, schmal, aber nicht allzu steil, blieb jetzt die letzte Hoffnung, daß sie aus der Wand kommen. Natürlich war es unsinnig, daß sie jetzt, da keiner den andern im mindesten sichern konnte, in der Seilschaft blieben. Der Firn auf dem schmalen Band, offenbar zu dünn, so daß Klaus den Pickel nicht einrammen konnte, um sich selber mit einer Seilschlaufe einigermaßen zu sichern, war aber, obschon seit einer halben Stunde nicht mehr in der Sonne, noch einigermaßen weich; ein Stapfen war möglich. Sobald er, Klaus, wieder auf Fels gelangt ist und einen zuverlässigen Stand hat, sollte der jüngere Bruder sich aus dem Seil lösen, damit er, Klaus, weiterklettern kann. Die letzten Meter mußte er hangeln, beide Füße ohne Halt. Dann kam das Zeichen. Das Ende des Seils, also aus der Hand gelassen, schlingerte weit hinunter, aber Klaus hatte das andere Ende halten können. Langsam zog er das lange Seil zu sich herauf und schlaufte es um seine Schulter. Dann verschwand er außer

Sicht. Er wollte versuchen auf den Grat zu gelangen, allein, da er der ältere war, und auf dem Grat nochmals hinaufzuklettern, um das Seil, dort gesichert, von oben herunter zu lassen. Wenn das nicht gelingen sollte, so würde er, Klaus, allein absteigen, um Hilfe zu holen, die schätzungsweise gegen Mitternacht eintreffen könnte. So hatten sie es vereinbart. Allein in der Wand zu stehen, beide Schuhe in einer Ritze, so daß man sich nicht rühren konnte, Blick hinunter auf den Gletscher, das hätte einer nicht bis Mitternacht durchgehalten. Schon eine halbe Stunde wurde lang. Inzwischen war es kalt geworden; kein Wind, aber eine Kälte, die gleichgültig macht. Eine Rufverbindung gab es nicht. Ob der Bruder noch immer versuchte, das Seil von oben herunter zu lassen, oder ob er, weil das aus irgendeinem Grund nicht zu machen ist, sich bereits auf dem Abstieg befand, blieb ungewiß. Einmal schepperten kleine Schiefer über die Wand hinunter; ein Seil kam nicht.

Das bleibt im Gedächtnis.

Klaus ist ein guter Bruder gewesen.

Und Corinne eine liebe Tochter –

Was sie wissen will, hat nichts mit dem Matterhorn zu tun, das ist vor fünfzig Jahren gewesen, und Corinne ist da, um zu wissen, was jetzt ist.

Es sind Hänge gerutscht.

Aber die Straße ist wieder offen –

Sonst wäre Corinne nicht hier.

Endlich rutschte über den Fels langsam das Seil herab, Armlänge um Armlänge; es reichte aber nicht. Zum Glück hatten sie alles vereinbart; nach genau fünf Minuten zog Klaus das leere Seil wieder Armlänge um Armlänge hinauf, und wieder klirrte Firn herunter, Scherben von Eis, zwei oder drei Steine sprangen vorbei und schlugen auf Fels weiter unten und verschwanden in einem großen Bogen lautlos ins Leere. Eine Viertelstunde später kam das Seil nochmals, jetzt lang genug, aber es pendelte einen oder zwei Meter vor der Wand und war schwierig einzufangen, schließlich gelang es mit Hilfe des Pickels –

Das alles ist lang her.

Was Corinne wissen will: warum die geschlossenen Fensterläden, wozu die vielen Zettel an der Wand, warum ein Hut auf dem Kopf.

Das ist heute.

Offenbar sind die Männer wieder gegangen, sie haben die Haustüre nicht gerammt, es ist nicht nötig gewesen, da Corinne einen Schlüssel hat.

Warum redet sie wie mit einem Kind?

Es gäbe noch vieles an die Wände zu kleben, wenn es nicht zwecklos wäre, weil das Klebeband, MAGIC TAPE, nichts taugt; ein Durchzug, wenn Corinne die Fensterläden öffnet, und die Zettel liegen auf dem Teppich, ein Wirrwarr, das keinen Sinn gibt.

Zucker ist keiner mehr da.

Als sie Tee kocht, hat Corinne noch nicht einmal ihren Mantel ausgezogen. Der Schwiegersohn in Basel, der immer alles besser weiß, lasse grüßen.

Es wird nie eine Pagode –

Das weiß Herr Geiser.

Aber Knäckebrot ist noch da.

Eine Trockenmauer ist gerutscht, Geröll im Salat, und die Straße ist gesperrt gewesen, das alles hat Corinne schon gehört.

Es gibt nichts zu sagen.

Das Augenlid ist gelähmt, der Mundwinkel auch, Herr Geiser weiß es, dagegen hilft auch kein Hut auf dem Kopf.

Heute scheint die Sonne.

Was man mit den Zetteln machen soll?

Als sie den Tee bringt, hat Corinne feuchte Augen, was sie nicht zu wissen scheint, sie lächelt dazu wie eine Krankenschwester und redet zu ihrem Vater wie zu einem Kind.

Das Geländer ohne Handlauf –

Die zerschnittenen Bücher –

Die Ameisen, die Herr Geiser neulich unter einer tropfenden Tanne beobachtet hat, legen keinen Wert darauf, daß man Bescheid weiß über

138

sie, so wenig wie die Saurier, die ausgestorben sind, bevor ein Mensch sie gesehen hat. Alle die Zettel, ob an der Wand oder auf dem Teppich, können verschwinden. Was heißt Holozän! Die Natur braucht keine Namen. Das weiß Herr Geiser. Die Gesteine brauchen sein Gedächtnis nicht.

Erosion, die (von lat: erodere = benagen), im weiten Sinn die Vorgänge bei der Bildung der Oberflächenformen der Erde (Fluß-, Wind-, Eis-E.); im engern Sinn die ausfurchende u. einschneidende Arbeit des fließenden Wassers. Die Stärke der E. ist abhängig von der Stoßkraft des Wassers, der Widerstandsfähigkeit des Gesteins u. der Gestalt des Geländes. Die E. führt durch Tieferlegung (Tiefen-E.) u. Erweiterung (Seiten-E.) des urspr. Flußbettes zur Bildung von Tälern. *E.basis*, Niveau, bis zu dem die E. wirken kann; allg. E.basis ist außer bei abflußlosen Becken der Meeresspiegel. Übermäßige E. wird durch Zerstörung des Kulturbodens (Versteppung, z. B. im W der USA) zu einem wirtsch. einschneidenden Faktor. Schädigend kann vermehrte E. auch werden durch Veränderung der Vegetationsdecke infolge Kahlschlages, übernormaler Nutzung u. a.

500 Jahre vor Christi Geburt verpflanzten die Menschen die Edelkastanie aus Kleinasien nach Griechenland und wenig später nach Italien. Die Römer setzten am Fuss der Alpen die ersten Kastanienbäume. Diese werden 20–30 m hoch und stehen 70–140 Jahre in voller Pracht. Später werden sie meist hohl.

Es|chatologie [...*cha*...; *gr.-nlat.*] *die*; -: Lehre von den Letzten Dingen, d. h. vom Endschicksal des einzelnen Menschen u. der Welt.

kohärent [*lat.*]: zusammenhän-
gend; -es Licht: Lichtbündel
von gleicher Wellenlänge u.
Schwingungsart (Phys.). Kohä-
renz *die*; -: 1. Zusammenhang.
2. Eigenschaft von Lichtbündeln,
die gleiche Wellenlänge u.
Schwingungsart haben (Phys.).
Kohärenzfaktor *der*; -s, -en: die
durch räumliche Nachbarschaft,
Ähnlichkeit, Symmetrie o. ä.
Faktoren bewirkte Vereinigung
von Einzelempfindungen zu einem Gestaltzusammenhang
(Psychol.). Kohärenzprinzip *das*;
-s: Grundsatz von dem Zusammenhang alles Seienden (Phi-
los.).

Der Kastanienkrebs wurde 1904 erstmals bei
New York entdeckt. Sechs Jahre nach dem
Auftreten waren 2% der Bäume abgestorben,
nach 8 Jahren sogar 95%. Nach dem Krieg
kam diese Krankheit zuerst nach Italien. Im
Jahre 1948 trat eine ähnliche Krankheit erstmals im Tessin am Monte Ceneri auf. Hervor-
gerufen wird dieses Absterben des Baumes
durch einen Pilz, den die Wissenschafter «en-
dothia parasitica» nennen. Man sucht nach
einem Bekämpfungsmittel. Doch ist dieser
Seuche, die sich so hartnäckig verbreitet wie
im Mittelalter die Pest, schwer beizukommen.
Müssen wohl im Tessin alle Kastanienwälder
verderben?

Zurzeit seiner Weltherrschaft legte Rom auch in diesen Gegenden militärische Kolonien an. Aus den römischen *Überresten* zu
schließen, die der locarnesische Boden birgt, muß die Kolonie in
Locarno eine sehr bedeutende gewesen sein. Sie bestand, wie aus
verschiedenen Anzeichen hervorgeht, aus gedienten Kriegsleuten,
Kohorten, die ihre strengen Tage hinter sich hatten.

Schlaganfall, Gehirnschlag, Hirnschlag, *Apo-plexie,* eine plötzlich eintretende, meist mit Bewußt-losigkeit und Lähmungen, oft mit Sprachveilust *(Aphasie)* einhergehende Ausschaltung von mehr oder minder großen Hirnteilen. S. tritt meist ein durch Bersten eines Hirngefäßes **(Gehirnblutung)** infolge arteriosklerotischer Schädigung seiner Wand. Manch-mal kommt es zu langsamer ver-laufenden ‚Sickerblutungen‘.

Die Krankheitszeichen des S. entstehen durch den Druck der aus-getretenen Blutmassen auf das Ge-hirngewebe. Die *Lähmungen* sind, wenn nicht lebenswichtige Bezirke (Atmungs- und Ge-fäßzentrum) oder zu große Hirnteile betroffen werden, oft in hohem Grade rück-bildungsfähig. Auch plötz-liche Verstopfungen von Blutadern *(Embolie)* kön-nen ähnliche Symptome hervorrufen. Die Lähmun-gen betreffen meist nur eine Körperhälfte*(Hemiplegie):* bei Blutungen in die linke Hirnhalbkugel die rechte Seite, beim rechtsseitigen Sitz die linke. Die geläh-ten Gliedmaßen sind an-fangs schlaff; sie gehen erst später in das krampfhafte (spastische) Stadium über.–

Schlaganfall: Schematische Darstellung eines Hirn-schlags in der

Das Dorf steht unversehrt. Über den Bergen, hoch im blauen Himmel, zieht sich die weiße Spur der Verkehrsflugzeuge, die nicht zu hören sind. Duft von Lavendel und die Bienen, tags-über wird es fast heiß, Sommer wie eh und je. Wo das Gemäuer besonnt ist, wimmelt es von Eidechsen, sie sonnen sich auf dem steinernen Fenstersims oder huschen lautlos an der Haus-mauer hinauf und hinunter. Sie werden nie grö-ßer als Eidechsen. Manchmal ist eine Motorsäge zu hören, das schrille Kreischen, wenn die Säge sich in einen Stamm frißt, und kurz darauf, nachdem man irgendwo im Gehölz ein plötzliches Rauschen und den dumpfen Aufschlag eines gefällten Stammes gehört hat, wieder das Geknatter im Leerlauf. Viele Kastanien haben den Krebs. Die Feigen werden nicht reif, aber die Trauben. Wenn sie reif sind, knallen die Kastanien auf den Boden, so daß man erschrickt. Alles in allem ein stilles Tal. Ab und zu ist ein Helikopter zu hören und zeitweise zu sehen; ein Bündel von Balken pendelt an einem Drahtseil, irgendwo im Tal wird gebaut. Eine halbe Minute lang flattert sein Schall über dem Dorf, so daß man keine Stimme versteht; kaum ist er hinter dem Wald verschwunden, so ist Stille. Wie im Mittelalter. Minuten später knattert er zurück, jetzt in einem kürzeren Bogen, und holt eine nächste Ladung, eine Tonne voll Zement. Sonst ereignet sich wenig. Zwei Mal in der Woche fährt die blonde Metzgerin das ganze Tal hinauf und verkauft Fleisch und Würste aus ihrem Volkswagen. Alles in allem kein totes Tal; es gibt Schmetterlinge, es gibt Vipern, aber man sieht selten eine, und wo Menschen wohnen, gibt es Hühner. Die Turmuhr schlägt die Stunde zweifach für den Fall, daß jemand nicht genau gezählt hat. Im Oktober kommt es vor, daß auf den Höhen plötzlich der erste Schnee gefallen ist; wenn die Sonne scheint, schmilzt er in zwei bis drei Tagen. Die Gletscher, die sich einmal bis Mailand erstreckt haben, sind im Rückzug. Es gibt Schluchten, wo die Sonne im Winter nicht hinkommt; dort gibt es Eiszapfen wie Orgelpfeifen. Wo die Sonne hinkommt, kann man im Winter, wenn es nicht schneit, oft ohne Mantel gehen, so warm wird es über Mittag, obschon die Erde gefroren bleibt. Im Frühjahr blühen Kamelien und im Sommer sieht man da und dort ein Zelt, Leute baden im kalten Bach oder liegen auf den besonnten Felsen. Bund und Kanton tun alles, damit das Tal nicht ausstirbt; Post-Bus drei Mal täglich. Die Goldwäscherei in den Bächen hat sich nie gelohnt. Alles in allem ein grünes Tal, waldig wie zur Steinzeit. Ein Stausee ist nicht vorgesehen. Im August und im September, nachts, sind Sternschnuppen zu sehen oder man hört ein Käuzchen.

Die Heilige Schrift des Alten und Neuen Testaments. Zürich 1955
Seiten 17, 25, 26, 113
Giulio Rossi/Eligio Pometta, Geschichte des Kantons Tessin.
Bern 1944
Seiten 18–20
Giovanni Anastasi, Tessiner Leben. Zürich
Seiten 22, 23, 67
Piero Bianconi, Locarno. Zürich 1972
Seite 26
J. Hardmeyer, Locarno und seine Täler. Zürich 1923
Seite 26, 140
Der Lago Maggiore und seine Täler. Leipzig 1910
Seite 27
Der Große Brockhaus. In zwölf Bänden. 16., völlig neubearbeitete
Auflage. Wiesbaden 1953
Band I: Seiten 49, 50, 118; Band II: Seite 39; Band IV: Seiten 28,
49, 53, 89, 114; Band V: Seite 85; Band VII: 70, 71; Band VIII:
Seite 81, 82; Band IX: Seite 84; Band X: Seite 141
Locarno. Schweizer Wanderbuch 23. Bern 1969
Seiten 58, 67, 110, 139
Schweizer Lexikon in zwei Bänden. Zürich 1949
Seiten 81, 82
Die Welt in der wir leben. Zürich 1956
Seiten 83, 84
Rodney Steel, Die Dinosaurier. Wittenberg Lutherstadt 1970
Seiten 115–119
Konrad Bächinger, Tessin. Arbeitshefte für den Unterricht in
Schweizer Geografie. St. Gallen 1970
Seiten 139, 140
Der Große Duden. Band 5: Fremdwörterbuch. Mannheim 1974
Seiten 139, 140

Zeittafel

1911 geboren in Zürich am 15. Mai als Sohn eines Architekten

1924–1930 Realgymnasium in Zürich

1931–1933 Studium der Germanistik in Zürich, abgebrochen, freier Journalist
Balkan-Reise

1934 *Jürg Reinhart*

1936–1941 Studium der Architektur an der ETH in Zürich. Diplom

1938 Conrad Ferdinand Meyer-Preis

1939–1945 Militärdienst als Kanonier

1940 *Blätter aus dem Brotsack*

1942 Architekturbüro in Zürich

1943 *J'adore ce qui me brûle oder Die Schwierigen*

1945 *Bin oder Die Reise nach Peking*
Nun singen sie wieder

1946 Reise nach Deutschland, Italien, Frankreich

1947 *Tagebuch mit Marion*
Die Chinesische Mauer

1948 Reisen nach Prag, Berlin, Warschau
Kontakt mit Bertolt Brecht in Zürich

1949 *Als der Krieg zu Ende war*

1950 *Tagebuch 1946–1949*

1951 *Graf Öderland*
Rockefeller Grant for Drama

1952 Einjähriger Aufenthalt in den USA, Mexiko

1953 *Don Juan oder Die Liebe zur Geometrie*

1954 *Stiller*
Auflösung des Architekturbüros, freier Schriftsteller

1955 Wilhelm Raabe-Preis der Stadt Braunschweig
Pamphlet *achtung: die schweiz*

1956 Reise nach den USA, Mexiko, Kuba

1957 *Homo faber*
Reise in die arabischen Staaten

1958 *Biedermann und die Brandstifter*
Die große Wut des Philipp Hotz
Georg Büchner-Preis
Literaturpreis der Stadt Zürich

1960–1965 Wohnsitz in Rom

1961 *Andorra*

Max Frisch
Sein Werk im Suhrkamp Verlag

23/2/7.93

Max Frisch
Sein Werk im Suhrkamp Verlag

23/3/7.93

Deutschsprachige Literatur
in den suhrkamp taschenbüchern:
Prosa

Eine Auswahl

Deutschsprachige Literatur
in den suhrkamp taschenbüchern:
Prosa

Brecht, Bertolt: Flüchtlingsgespräche. st 1793
– Geschichten vom Herrn Keuner. st 16
Broch, Hermann: Die Verzauberung. Roman. st 350
– Der Tod des Vergil. Roman. st 296
– Die Schlafwandler. Eine Romantrilogie. st 472
Buch, Hans Christoph: Haïti Chérie. Roman. st 1956
– Tropische Früchte. Afro-amerikanische Impressionen. Erstausgabe. st 2231
Burger, Hermann: Brenner. Roman. st 1941
– Der Schuß auf die Kanzel. Eine Erzählung. st 1823
Cailloux, Bernd: Der gelernte Berliner. Erstausgabe. st 1843
Camartin, Iso: Nichts als Worte? Ein Plädoyer für Kleinsprachen. st 1974
Dorst, Tankred: Die Reise nach Stettin. Mitarbeit Ursula Ehler. st 1934
Enzensberger, Hans Magnus: Ach Europa! Wahrnehmungen aus sieben Ländern. st 1690
– Der Fliegende Robert. Gedichte, Szenen, Essays. st 1962
– Mittelmaß und Wahn. Gesammelte Zerstreuungen. st 1800
Faes, Urs: Sommerwende. Roman. st 1922
Federspiel, Jürg: Die Ballade von der Typhoid Mary. st 1983
– Geographie der Lust. Roman. st 1895
– Die Liebe ist eine Himmelsmacht. Zwölf Fabeln. st 1529
Fleißer, Marieluise: Abenteuer aus dem Englischen Garten. Geschichten. Mit einem Nachwort von Günther Rühle. st 925
– Gesammelte Werke in vier Bänden. st 2274-2277
– Eine Zierde für den Verein. Roman vom Rauchen, Sporteln, Lieben und Verkaufen. st 294
Franke, Herbert W.: Der Elfenbeinturm. Science-fiction-Roman. st 1926
– Die Glasfalle. Science-fiction-Roman. st 2169
Frisch, Max: Blaubart. Eine Erzählung. st 2194
– Homo faber. Ein Bericht. st 354
– Mein Name sei Gantenbein. Roman. st 286
– Der Mensch erscheint im Holozän. Eine Erzählung. st 734
– Montauk. Eine Erzählung. st 700
– Stiller. Roman. st 105
– Tagebuch 1946-1949. st 1148
– Tagebuch 1966-1971. st 256
Fritsch, Werner: Cherubim. st 1672

253/2/11.93

Deutschsprachige Literatur
in den suhrkamp taschenbüchern:
Prosa

Deutschsprachige Literatur
in den suhrkamp taschenbüchern:
Prosa

Hesse, Hermann: Kleine Freuden. Verstreute und kurze Prosa aus dem Nachlaß. Herausgegeben und mit einem Nachwort von Volker Michels. st 360
– Klingsors letzter Sommer. Erzählung. st 1195
– Lektüre für Minuten. Gedanken aus seinen Büchern und Schriften. Ausgewählt und zusammengestellt von Volker Michels. st 7
– Lektüre für Minuten. Neue Folge. Gedanken aus seinen Büchern und Briefen. Herausgegeben von Volker Michels. st 240
– Die Märchen. Zusammengestellt von Volker Michels. st 291
– Die Morgenlandfahrt. Eine Erzählung. st 750
– Narziß und Goldmund. Erzählung. st 274
– Peter Camenzind. Erzählung. st 161
– Siddhartha. Eine indische Dichtung. st 182
– Der Steppenwolf. Erzählung. st 175
– Die Verlobung. Gesammelte Erzählungen Band 2. 1906–1908. st 368
Hessel, Franz: Heimliches Berlin. Roman. Nachwort von Bernd Witte. st 2269
Hettche, Thomas: Ludwig muß sterben. Roman. st 1949
Hildesheimer, Wolfgang: Marbot. Eine Biographie. st 1009
– Masante. Roman. st 1467
– Mozart. st 598
– Tynset. Roman. st 1968
Hohl, Ludwig: Die Notizen oder Von der unvoreiligen Versöhnung. st 1000
Horstmann, Ulrich: Das Untier. Konturen einer Philosophie der Menschenflucht. st 1172
Horváth, Ödön von: Jugend ohne Gott. st 1063
– Sechsunddreißig Stunden. Die Geschichte vom Fräulein Pollinger. Roman. st 2211
– Sportmärchen und anderes. st 1061
Hürlimann, Thomas: Die Tessinerin. Geschichten. st 985
Johnson, Uwe: Das dritte Buch über Achim. Roman. st 169
– Mutmassungen über Jakob. Roman. st 147
– Eine Reise nach Klagenfurt. st 235
– Zwei Ansichten. st 326
Kaminski, André: Flimmergeschichten. st 2164
– Die Gärten des Mulay Abdallah. Neun wahre Geschichten aus Afrika. st 930
– Kiebitz. Roman. st 1807
– Nächstes Jahr in Jerusalem. Roman. st 1519

Deutschsprachige Literatur
in den suhrkamp taschenbüchern:
Prosa

Kaschnitz, Marie Luise: Liebesgeschichten. Ausgewählt und mit einem Nachwort versehen von Elisabeth Borchers. st 1292

– Steht noch dahin. st 57

Kirchhoff, Bodo: Die Einsamkeit der Haut. Prosa. st 919

– Infanta. Roman. st 1872

– Mexikanische Novelle. st 1367

Koch, Werner: See-Leben. 3 Bände in Kassette. st 783

Koeppen, Wolfgang: Amerikafahrt. st 802

– Jakob Littners Aufzeichnungen aus einem Erdloch. Roman. Mit einem Vorwort des Autors. st 2267

– Die Mauer schwankt. Roman. st 1249

– Tauben im Gras. Roman. st 601

– Der Tod in Rom. Roman. st 241

– Das Treibhaus. st 78

Kolleritsch, Alfred: Die grüne Seite. Roman. st 323

Kracauer, Siegfried: Georg. Roman. Mit einem Nachwort von Christian Döring. st 1868

– Ginster. Roman. st 1767

Kraus, Karl: Hüben und Drüben. Aufsätze 1929-1936. Herausgegeben von Christian Wagenknecht. st 1328

– Die Stunde des Gerichts. Aufsätze 1925-1928. Herausgegeben von Christian Wagenknecht. st 1327

Kreuder, Ernst: Die Gesellschaft vom Dachboden. Erzählung. Mit einem Nachwort von Klaus Schöffling. st 1280

Krüger, Horst: Diese Lust am Leben. Zeitbilder. Erstausgabe. st 2263

Kühn, Dieter: Stanislaw der Schweiger. Roman. st 496

Laederach, Jürg: Laederachs 69 Arten den Blues zu spielen. st 1446

Lenz, Hermann: Andere Tage. Roman. st 461

– Der innere Bezirk. Roman in drei Büchern. st 2159

– Jung und Alt. Erzählung. st 1935

Leutenegger, Gertrud: Ninive. Roman. st 685

Mayer, Hans: Ein Deutscher auf Widerruf. Erinnerungen. Band I. st 1500

– Ein Deutscher auf Widerruf. Erinnerungen. Band II. st 1501

– Der Turm von Babel. Erinnerung an eine Deutsche Demokratische Republik. st 2174

Mayröcker, Friederike: Die Abschiede. st 1408

Meyer, E. Y.: In Trubschachen. Roman. st 501

Meyer-Hörstgen, Hans: Hirntod. Roman. st 1437

Deutschsprachige Literatur
in den suhrkamp taschenbüchern:
Prosa

Morshäuser, Bodo: Die Berliner Simulation. Erzählung. st 1293
– Blende. Erzählung. st 1585
Muschg, Adolf: Albissers Grund. Roman. st 334
– Gegenzauber. Roman. st 665
– Leib und Leben. Erzählungen. st 2153
– Das Licht und der Schlüssel. Erziehungsroman eines Vampirs. st 1560
– Liebesgeschichten. st 164
– Noch ein Wunsch. Erzählung. st 735
– Der Turmhahn und andere Liebesgeschichten. st 1630
Nachwehen. Frauen und Männer mit Kindern. Verständigungstexte.
  Herausgegeben von Michael Klaus. st 855
Neumeister, Andreas: Äpfel vom Baum im Kies. st 1748
Nizon, Paul: Im Bauch des Wals. Caprichos. st 1900
Nossack, Hans Erich: Der Fall d'Arthez. Roman. st 1963
Pakleppa, Fabienne: Die Himmelsjäger. Roman. st 2214
Penzoldt, Ernst: Die Powenzbande. Zoologie einer Familie. st 372
Plenzdorf, Ulrich: Legende vom Glück ohne Ende. st 722
– Die neuen Leiden des jungen W. st 300
Praetorius, Friedrich-Karl: Reisebuch für den Menschenfeind. Die Freu-
  den der Misanthropie. Erstausgabe. st 2203
Rakusa, Ilma: Die Insel. Erzählung. st 1964
Reinshagen, Gerlind: Sonntagskinder. st 759
Rothmann, Ralf: Stier. Roman. st 2255
– Der Windfisch. Erzählung. st 1816
Schindel, Robert: Gebürtig. Roman. st 2273
Schleef, Einar: Gertrud. st 942
Späth, Gerold: Barbarswila. Roman. st 1960
– Stilles Gelände am See. Roman. st 2289
Tergit, Gabriele: Atem einer anderen Welt. Berliner Reportagen.
  Herausgegeben und mit einem Nachwort versehen von Jens Brüning.
  Erstausgabe. st 2280
Unseld, Siegfried: Der Autor und sein Verleger. st 1204
– Begegnungen mit Hermann Hesse. st 218
Waggerl, Karl Heinrich: Das Jahr des Herrn. Roman. st 836
Walser, Martin: Die Anselm Kristlein Trilogie. Halbzeit. Das Einhorn.
  Der Sturz. 3 Bände in Kassette. st 684
– Brandung. Roman. st 1374
– Dorle und Wolf. Eine Novelle. st 1700
– Ehen in Philippsburg. Roman. st 1209

253/6/11.93

Deutschsprachige Literatur
in den suhrkamp taschenbüchern:
Prosa

253/7/11.93